*- Десять Заповідей -*

# Божий Закон

## Доктор Джерок Лі

*«Якщо Ви Мене любите,
– Мої заповіді зберігайте!»*

(Євангеліє від Івана 14:15)

**Божий Закон,** Автор: Доктор Джерок Лі
Опубліковано видавництвом Урім Букс (Представник: Sungnam Vin)
73, Yeouidaebang-ro 22-gil, Dongjak-gu, Сеул, Корея
www.urimbooks.com

Всі права захищені. Цю книжку, або будь-які уривки з неї, забороняється відтворювати у будь-якій формі, зберігати у системі комп'ютера, передавати у будь-якій формі та будь-яким способом: електронним, механічним, робити фотокопії, записувати або користуватися для цього іншим способом без попереднього письмового дозволу видавця.

Якщо не записано інше, всі цитати із Біблії взяті з Біблії перекладу І. Огієнка.

Авторське право © 2020 Доктор Джерок Лі
ISBN: 979-11-263-0569-8 03230
Авторське право перекладу © 2014 Доктор Естер К. Чан.
Використовується за дозволом.

### Перше видання: Лютий 2020

Раніше видано корейською мовою видавництвом «Урім букс» у 2009 році у м. Сеул, Корея

Редактор: доктор Геумсун Він
Підготоване до друку редакційним бюро «Урім букс»
Надруковано компанією «Євон»
Для отримання більш детальної інформації звертайтеся за адресою:
urimbook@hotmail.com

# Передмова

Під час свого служіння я отримую безліч запитань. Наприклад: «Де Бог?», «Покажіть мені Бога», або «Як я можу познайомитися з Богом?» Люди задають ці питання, тому що не знають як познайомитися з Богом. Але зробити це значно легше ніж ми думаємо. Ми можемо познайомитися з Ним просто: дізнатись про Його заповіді і виконувати їх. Однак, хоча багато людей розуміють це, вони не слухаються заповідей, тому що не розуміють духовного змісту заповідей, кожна з яких виникла в результаті глибокої любові Бога-Отця до нас.

Саме як кожній людині потрібно отримати належну освіту перед тим як зайняти своє місце у суспільстві, Божа дитина також повинна мати належну освіту і підготуватися перед тим як потрапити на небеса. Так Божі закони входять у наше життя. Божі закони або Десять Заповідей повинна знати кожна нова Божа дитина і застосовувати у своєму християнському житті. *«Божий Закон»* – це заповіді, які створив Бог для нас, щоби ми ставали ближчими до Нього, отримували від Нього відповіді і перебували поряд з ним. Інакше кажучи, вивчення *«Божого Закону»* – це наш квиток для зустрічі з Богом.

Близько 1446 до н.е., саме після Виходу Ізраїльського народу з Єгипту, Бог захотів привести їх у Край, що тече молоком та медом, ханаанський Край. Для цього Ізраїльтянам необхідно було знати, що означає стати Божими дітьми. Тому Бог з любов'ю записав для них на двох кам'яних таблицях Десять Заповідей, які стисло підсумовують всі Його закони (Книга Вихід 24:12). Потім Він дав таблиці Мойсею, щоби той навчив Ізраїльтян як стати такими, якими бажає бачити їх Бог, бути в Його присутності, навчити їх обов'язкам, які повинні виконувати Божі діти.

Приблизно тридцять років тому, після моєї зустрічі з

живим Богом, я дізнався про Божі закони і скорився їм. Я ходив до церкви, намагався бути присутнім на всіх зборах відродження, про які чув. Почавши з відмови від шкідливих звичок, паління і пияцтва, я дізнався про те, що треба святити День Господній, віддавати десятину, молитися та інше. У своєму записнику я почав занотовувати гріхи, яких я не міг позбутися одразу. Потім я молився і постив, просив Бога допомогти мені коритися Його заповідям. Благословення, яке я отримав у результаті, було вражаючим!

По-перше, Бог благословив нашу родину фізично, так що жоден із нас не хворів. Він дав так багато фінансових благословень, що ми могли вільно зосередитися на допомозі бідним. І нарешті, Він вилив на мене так багато духовних благословень, що тепер я можу проводити своє служіння по всьому світові, проводити євангелізаційні кампанії і місії.

Якщо ви знаєте Божі заповіді і виконуєте їх, ви будете не

лише успішними в усіх сферах свого життя, але також побачите славу, що сяє ніби сонце, коли увійдете у Його вічне царство.

Книжка *«Божий Закон»* являє собою збірник проповідей, заснованих на Його слові, надихання про «Десять Заповідей», яке я отримав, коли постив і молився тільки-но розпочавши своє служіння. Завдяки цим проповідям багато віруючих зрозуміли Божу любов, почали жити у покорі Його заповідям, а отже процвітали духовно та в усіх інших сферах свого життя. Крім того, багато віруючих отримали відповіді на всі свої молитви. Найголовніше, що всі вони отримали більшу надію на небеса.

Тож якщо ви дізнаєтеся про духовний зміст Десяти Заповідей, про які розповідається у цій книжці, і зрозумієте глибоку любов Бога, Який дав нам Десять Заповідей, і вирішите жити у покорі до Його заповідей, я гарантую, що ви отримаєте неймовірні благословення від

Господа. У Книзі Повторення Закону 28:1-2 написано, що ви завжди і всюди матимете благословення: *«І станеться, якщо дійсно будеш ти слухатися голосу ГОСПОДА, Бога свого, щоб додержувати виконання всіх Його заповідей, що я наказую тобі сьогодні, то поставить тебе ГОСПОДЬ, Бог твій, найвищим над усі народи землі. І прийдуть на тебе всі оці благословення, і досягнуть тебе, коли ти слухатимешся голосу ГОСПОДА, Бога свого».*

Велика подяка Геумсун Він, директору редакційного бюро видавництва «Урім Букс» та його робітникам за їхню відданість і неоціненний внесок у створення цієї книжки. В ім'я Господа нашого Ісуса Христа я молюся про те, щоби всі люди, які прочитають цю книжку, зрозуміли Божі закони, виконували Його заповіді і стали улюбленими, благословенними Божими дітьми!

**Джерок Лі**

# Вступ

Всю славу ми віддаємо Богові-Отцю за те, що Він дозволив нам зібрати у книжці *«Божий Закон»* розуміння Десяти Заповідей, через які Бог передав Свою сутність і Свою волю.

Перший розділ, «Любов Бога у Десяти Заповідях», дає читачеві необхідну довідкову інформацію щодо Десяти Заповідей. Тут знаходимо відповідь на запитання: «Чим насправді є Десять Заповідей?» У цьому розділі також пояснюється, що Бог дав нам Десять Заповідей, бо любить нас і бажає благословити нас. Тож коли ми виконуємо кожну заповідь з силою Божої любові, тоді ми можемо отримати всі благословення, які Він приготував для нас.

Із «Першої Заповіді» ми дізнаємося про те, що якщо

людина любить Бога, вона може легко коритися Його заповідям. Цей розділ також порушує питання, чому у першій заповіді Бог наказує нам не мати перед Ним інших богів.

«Друга Заповідь» говорить про те, що важливо ніколи не вклонятися фальшивим ідолам, або у духовному розумінні – любити щось більше за Бога. Тут ми також дізнаємося про духовні наслідки поклоніння фальшивим ідолам, а також що відбувається, коли ми так не чинимо. І які благословення і прокляття приходять в наше життя в результаті того.

У розділі «Третя Заповідь» розповідається, що означає призивати ім'я ГОСПОДА Бога надаремно, і що ми повинні робити, щоби не порушувати цю заповідь.

Із розділу про «Четверта Заповідь» ми дізнаємося про істинне значення «Суботи», і чому субота змінилася неділею, переходячи зі Старого Заповіту на Новий Заповіт. У цьому розділі також пояснюється, чому саме ми повинні святити день суботній головним чином трьома різними способами. У цьому розділі також розповідається про обставини, які можуть бути винятками для цієї заповіді: коли можуть дозволятися робота та комерційні операції.

У розділі «П'ята Заповідь» детально розповідається про те, як ми повинні шанувати своїх батьків. Ми також дізнаємося про те, що означає шанувати Бога, Отця наших душ, і які благословення ми отримаємо, якщо шануватимемо Його і своїх земних батьків, перебуваючи в Його істині.

Розділ «Шоста Заповідь» складається з двох частин: перша частина розповідає про гріх фізичного вбивства, а друга – це духовне пояснення вчинення гріха вбивства у серці, в якому можна обвинуватити багатьох віруючих, які часто не розуміють цього.

У розділі «Сьома Заповідь» розповідається про гріх перелюбу, скоєний фізично, а також про гріх, який скоєний у серці або думках, що насправді жахливіше двох гріхів. Тут також розповідається про духовне значення вчинення гріха, про молитву і піст, за допомогою яких людина може позбавитися гріха за допомогою Святого

Духу, Божої милості і сили.

Розділ «Восьма Заповідь» розповідає про фізичне значення крадіжки. У цьому розділі також розповідається про те, як ми можемо красти у Бога, не віддаючи десятину та пожертвування, або навіть погано поводячись з Божим словом.

Розділ «Дев'ята Заповідь» розповідає про три різні види неправдивого свідчення або брехні. Тут також говориться про те, як ми можемо вирвати корінь обману зі свого серця, наповнивши його істиною.

У розділі «Десята Заповідь» розповідається про приклади, коли ми можемо вчинити гріх, жадаючи дому ближнього свого. Тут ми також дізнаємося про те, що справжнє благословення коли наша душа процвітає. Бо коли наша душа процвітає, ми отримуємо благословення процвітання в усіх сферах свого життя.

Нарешті в останньому розділі «Закон вірності Богу», коли ми знайомимося зі служінням Ісуса Христа, Котрий виконав Закон з любов'ю, ми дізнаємося про те, що ми повинні мати любов щоби виконувати Боже слово. Ми також дізнаємося про любов, яка більша за справедливість.

Сподіваюся, що мої слова допоможуть читачам зрозуміти духовне значення Десяти Заповідей. Бажаю вам завжди перебувати у яскравій присутності Божій, коли ви виконуватимете ГОСПОДНІ заповіді. В ім'я Господа нашого Ісуса Христа я молюся про те, щоби під час виконання Його законів, ваше духовне життя стало таким, щоби на всі ваші молитви ви отримували відповіді, щоби всі сфери вашого життя наповнювалися Його благословенням!

*Геумсун Він*
Директор редакційного бюро

# Зміст

Передмова
Вступ

**Розділ 1**
Любов Бога у Десяти Заповідях   1

**Розділ 2** Перша Заповідь
«Хай не буде тобі інших богів передо Мною!»   13

**Розділ 3** Друга Заповідь
«Не роби собі ідола і не вклоняйся йому»   29

**Розділ 4** Третя Заповідь
«Не призивай Іменння ГОСПОДА,
Бога твого, надаремно»   49

**Розділ 5** Четверта Заповідь
«Пам'ятай день суботній, щоб святити його»   65

**Розділ 6** П'ята Заповідь
«Шануй свого батька та матір свою»   85

**Розділ 7** Шоста Заповідь
«Не вбивай!» 99

**Розділ 8** Сьома Заповідь
«Не чини перелюбу!» 115

**Розділ 9** Восьма Заповідь
«Не кради!» 133

**Розділ 10** Дев'ята Заповідь
«Не свідкуй неправдиво на свого ближнього!» 149

**Розділ 11** Десята Заповідь
«Не жадай дому ближнього свого!» 163

**Розділ 12**
Закон вірності Богу 177

Розділ 1

Любов Бога
у Десяти Заповідях

**Вихід 20:5-6**

*«Не вклоняйся їм і не служи їм, бо Я ГОСПОДЬ, Бог твій, Бог заздрісний, що карає за провину батьків на синах, на третіх і на четвертих поколіннях тих, хто ненавидить Мене, і що чинить милість тисячам поколінь тих, хто любить Мене, і хто держиться Моїх заповідей».*

Чотири тисячі років тому Бог обрав Авраама отцем віри. Бог благословив Авраама і заключив з ним заповіт, давши обітницю, що він матиме потомство, «немов зорі на небі, і немов той пісок, що на березі моря». У той час Бог дійсно створив народ Ізраїлю із дванадцяти синів онука Авраама, Якова. Бог зробив так, що Яків і його сини перейшли в Єгипет, щоби уникнути голоду, і жили там впродовж 400 років. То була частина Божого плану, щоби захистити народ від вторгнення язичницьких племен доки він не стане більшим і сильнішим народом.

Сім'я Якова налічувала сімдесят чоловік, коли він перейшов в Єгипет. Але згодом їх кількість збільшилася настільки, що вони стали цілим народом. Оскільки народ став сильніше, Бог обрав одного чоловіка на ім'я Мойсей стати вождем Ізраїльського народу. Потім Бог привів народ у Землю Обіцяну, ханаанський Край, що тече молоком та медом.

Десять Заповідей стали словами любові, які Бог дав народові Ізраїля, коли вів його у Землю Обіцяну.

Для того, щоби Ізраїльтяни увійшли в благословенний ханаанський Край, вони повинні були відповідати двом вимогам: вірити в Бога і коритися Йому. Однак без чіткого визначення стандарту віри і покори вони би не зрозуміли, що дійсно означає мати віру і бути покірними. Тому Бог дав їм Десять Заповідей через їхнього вождя Мойсея.

Десять Заповідей – це перелік правил, встановлений стандарт для людей, якого вони мають дотримуватися. Але Бог не примушував їх виконувати ті заповіді. Лише явивши народові Свою дивовижну силу і давши людям можливість відчути її, наклавши на Єгипет десять кар, розділивши Червоне море, перетворивши у Марі гірку воду на солодку, накормивши Ізраїльтян манною та перепелицями, Бог дав їм Десять Заповідей, які вони мали виконувати.

Найголовніше тут те, що кожне слово Бога, включаючи Десять Заповідей, було дане не лише Ізраїльтянам, але всім, хто вірить у Нього у наш час, як найкоротший шлях отримати Його любов і благословення.

## Серце Бога, Який дав нам Заповіді

Виховуючи своїх дітей, батьки вчать їх виконувати численні правила: «Мий руки, коли приходиш з прогулянки», або «Завжди вкривайся ковдрою, коли лягаєш спати», або «Ніколи не переходь дорогу на червоне світло».

Батьки не тиснуть на своїх дітей всіма тими правилами, щоби їм було погано. Вони навчають їх виконувати правила, бо люблять їх. Природне бажання батьків –

захистити своїх дітей від хвороб і небезпек, охороняти їх і допомагати жити спокійно все життя. Через таку саму причину Бог дав нам, Своїм дітям, Десять Заповідей, бо Він любить нас.

У Книзі Вихід 15:26 Бог сказав: *«Коли дійсно будеш ти слухати голосу ГОСПОДА, Бога твого, і будеш робити слушне в очах Його, і будеш слухатися заповідей Його, і будеш виконувати всі постанови Його, то всю хворобу, що Я поклав був на Єгипет, не покладу на тебе, бо Я ГОСПОДЬ, Лікар твій!»*

У Книзі Левит 26:3-5 Він говорить: *«Якщо будете ходити згідно з постановами Моїми, а заповідей Моїх будете додержувати й будете виконувати їх, то дам ваші дощі в їхнім часі, і земля дасть свій урожай, а польове дерево дасть плід свій. І молочення досягне вам виноградобрання, а виноградобрання досягне сіяння, і ви будете їсти хліб свій досита, і будете сидіти безпечно в вашому Краї».*

Бог дав нам заповіді, щоби ми знали, як нам познайомитися з Ним, отримати від Нього благословення і відповіді на наші молитви, і зрештою жити в мирі і радості.

Інша причина, чому ми повинні коритися Божим законам, включаючи Десять Заповідей, полягає у справедливих законах духовного світу. Саме як кожний народ має власні закони, Боже царство має духовні закони, які встановив Бог. Хоча Бог створив всесвіт, а також є Творцем, Який повністю контролює життя, смерть, прокляття і благословення, Він не тоталітарний. Тому незважаючи на те, що Він – Творець законів, Він Сам залишається вірним цим законам.

Саме як ми дотримуємося законів країни, в якій живемо, якщо ми приймаємо Ісуса Христа як свого Спасителя і стали дітьми Божими, а отже громадянами Його царства, тоді ми повинні дотримуватися законів Бога і Його царства.

У 1 Книзі Царств 2:3 написано: *«І будеш ти стерегти накази ГОСПОДА, Бога свого, щоб ходити Його дорогами, щоб стерегти постанови Його, заповіді Його, та устави Його й свідчення Його, як писано в Мойсеєвім Законі, щоб тобі щастило в усьому, що будеш робити, і скрізь, куди звернешся».*

Дотримуватися Божих законів – це значить коритися Божим наказам, у тому числі Десятьом Заповідям, які записані в Біблії. Коли ви будете вірними цим законам, ви можете отримати Божий захист і благословення, і досягати успіхів в усьому.

І навпаки, якщо ви порушите Божий закон, ворог-сатана має право спокусити вас і принести вам труднощі, так що Бог не зможе захистити вас. Порушити Божу заповідь –

означає згрішити, тобто стати рабом гріха і сатани, який зрештою заведе вас у пекло.

## Бог бажає благословляти нас

Отже Бог дав нам Десять Заповідей, бо любить нас і бажає благословити. Він бажає, щоби ми не лише відчули вічні благословення на небесах, але також бажає, щоби ми отримали Його благословення на землі і досягали успіхів в усіх своїх справах. Якщо ми розуміємо Його любов, ми можемо бути вдячними Богові за Його заповіді і з радістю їх виконувати.

Ми бачимо, як діти дуже стараються слухатися своїх батьків, зрозумівши, як сильно вони люблять їх. Навіть якщо вони не слухаються своїх батьків, і отримують за це покарання, вони знають, що батьки роблять це тому що люблять їх. Тоді діти можуть сказати: «Мамо/тато, я намагатимусь поводитися краще у майбутньому», і кинуться їм в обійми. І коли з часом діти краще розуміють любов своїх батьків та їхню турботу, вони слухаються настанов своїх батьків і приносять їм радість.

Щира батьківська любов дає дітям силу коритися. Це можна порівняти з нашою покорою Богові, Його наказам, які записані в Біблії. Люди стараються дотримуватися заповідей, коли розуміють, що Бог так сильно любить нас, що Він послав Свого єдиного Сина, Ісуса Христа, у цей світ, щоби Той помер за нас на хресті.

Насправді, чим більше ми віримо у те, що Ісус Христос, Який не мав жодного гріха, відчув на Собі всі можливі переслідування і загинув на хресті за наші гріхи, тим більшою буде наша радість від виконання заповідей.

## Благословення, які ми отримуємо, якщо виконуємо Божі заповіді

Наші прабатьки віри, які корилися кожному Божому слову і жили відповідно до Його заповідей, отримали великі благословення і прославили Бога-Отця всім своїм серцем. І сьогодні вони світять нам вічним світлом істини, яке ніколи не згоряє.

Такими людьми віри були Авраам, Даниїл і апостол Павло. І навіть сьогодні існують люди віри, які продовжують чинити так, як чинили ті люди.

Наприклад, шістнадцятий президент Сполучених Штатів Авраам Лінкольн вчився у школі лише дев'ять місяців, але завдяки своїй доброчесності і гарній репутації його люблять і поважають багато людей у наш час. Мати Авраама, Ненсі Хенкс Лінкольн, померла, коли Авраамові було лише дев'ять, але за своє життя вона навчила свого сина вчити напам'ять короткі вірші з Біблії і виконувати Божі заповіді.

Коли мати дізналася, що скоро помре, вона покликала свого сина і сказала: «Я хочу, щоби ти любив Бога і корився Його заповідям». Коли Авраам Лінкольн виріс, він став відомим політиком, змінив історію своїм рухом за скасування рабства, Поруч з ним завжди були шістдесят шість книжок Біблії. Таким людям, як Лінкольн, які знаходяться близько до Бога і слухаються Його наказів, Бог завжди являє свідчення Своєї любові.

Недовго після відкриття своєї церкви, я відвідав подружжя, яке вже довго перебувало у шлюбі, але не мало дітей. Під керівництвом Святого Духу я провів богослужіння і благословив подружжя. Після того я попросив, щоби вони святили День Господній, поклоняючись Богові кожної неділі, віддавали десятину і виконували Десять Заповідей.

Це подружжя молодих віруючих почало відвідувати богослужіння кожної неділі і давати десятину відповідно до Божих заповідей. В результаті вони отримали благословення і народили здорових дітей. Вони також отримали великі фінансові благословення. Сьогодні чоловік служить у церкві старшим, а сім'я допомагає і євангелізує.

Дотримуватися Божих заповідей – це ніби тримати світильник у повній темряві. Якщо ми маємо яскравий світильник, нам не треба хвилюватися, що ми спотикнемося у темряві. Так само коли Бог, Який є Світло, знаходиться поряд з нами, Він захищає нас за будь-яких обставин. Ми можемо радіти благословенням і авторитету, які збережені для всіх Божих дітей.

## Ключ до отримання всього, про що ви просите

У 1 Посланні Івана 3:21-22 написано: *«Улюблені, коли не винуватить нас серце, то маємо відвагу до Бога, і чого тільки попросимо, одержимо від Нього, бо виконуємо Його заповіді та чинимо любе для Нього».*

Чудово знати про те, що якщо ми просто коримося заповідям, що записані в Біблії, і чинимо те, що догоджає Богові, ми можемо сміливо просити про все Бога, і Він відповість нам! Бог, напевно, дуже радіє, коли споглядає за Своїми слухняними дітьми і має змогу відповісти на кожну їхню молитву відповідно до законів духовного царства.

Тому Десять Заповідей Бога – це ніби підручник з любові, який навчає нас, яким чином можливо отримати Божі благословення під час нашого зрощення на землі. Заповіді навчають нас як можна уникнути лиха і нещастя та як отримати благословення.

Бог не дав нам заповіді, щоби покарати тих, хто їх не виконує, але щоби ми, виконуючи Його заповіді, раділи вічним благословенням в Його прекрасному небесному царстві (1 Послання до Тимофія 2:4). Якщо ви розумієте сутність Бога і живете за Його заповідями, ви можете отримати від Нього ще більшу любов.

Крім того, коли ви ретельніше вивчатимете кожну заповідь і повністю коритиметесь кожній із них з силою, яку дає вам Бог, ви зможете отримати від Нього всі благословення, які бажаєте.

# Розділ 2
## Перша Заповідь

«Хай не буде тобі інших богів передо Мною!»

**Вихід 20:1-3**

*Бог промовляв до Свого народу:*
*«Я ГОСПОДЬ, Бог твій, що вивів тебе з єгипетського краю з дому рабства. Хай не буде тобі інших богів передо Мною!»*

Двоє людей, які люблять одне одного, радіють від того, що вони разом. Тому закохані навіть не відчувають холоду, коли проводять час разом взимку, і тому можуть робити все, що їх коханий або кохана забажає, незважаючи на важкість прохання, головне, що це зробить щасливою кохану особу. Навіть якщо вони мають віддати себе у жертву за кохану людину, вони радіють, що можуть зробити щось для неї. Вони щасливі, коли бачать радість на обличчі коханої людини.

Це схоже на нашу любов до Бога. Якщо ми дійсно любимо Бога, тоді коритися Його заповідям для нас буде не обтяжливо, а навпаки принесе нам радість.

## Десять Заповідей, які повинні виконувати Божі діти

У наш час дехто, хто називає себе віруючими, говорять: «Як ми можемо виконувати всі Десять Заповідей Бога?» Тобто вони стверджують, що оскільки люди не ідеальні, їм неможливо повністю виконати Десять Заповідей. Ми можемо лише спробувати виконати всі Заповіді.

Але у 1 Посланні Івана 5:3 написано: *«Бо то любов Божа, щоб ми додержували Його заповіді, Його ж заповіді не тяжкі».* Це означає, що доказом нашої любові до Бога є наша покора Його заповідям, і Його заповіді не тяжкі настільки, щоби ми не мали змоги їх виконувати.

У часи Старого Заповіту люди повинні були коритися заповідям за допомогою власної волі і сили, але тепер, у часи Нового Заповіту, всі, хто приймає Ісуса Христа як свого Спасителя, отримує Святого Духа, який допомагає виконувати їх.

Святий Дух єдиний з Богом. Святий Дух, серце Бога, допомагає Божим дітям. Тому Святий Дух інколи заступається за нас, заспокоює, направляє і виливає Божу любов на нас, щоби ми боролися з гріхом навіть до смерті і діяли відповідно до Божої волі (Книга Дії 9:31, 20:28; Послання до римлян 5:5, 8:26).

Коли ми отримуємо цю силу від Святого Духа, ми можемо глибоко зрозуміти Божу любов, Який віддав заради нас Свого єдиного Сина, і тоді ми можемо легко коритися тому, чому ми не можемо коритися своїми силами і власною волею. Є люди, які досі говорять, що важко коритися Божим заповідям, і навіть не намагаються коритися їм. І вони продовжують жити в оточенні гріха. Ці люди насправді не люблять Бога щиро, від усього серця.

У 1 Посланні Івана 1:6 написано: «*Коли ж кажемо, що маємо спільність із Ним, а ходимо в темряві, то неправду говоримо й правди не чинимо!*», а у 1 Посланні Івана 2:4

написано: *«Хто говорить: Пізнав я Його, але не додержує Його заповідів, той неправдомовець, і немає в нім правди!»* Якщо Боже Слово, яке є істина і зерно життя, живе у людині, вона не може грішити. Така людина житиме в істині. Тож якщо хтось заявляє, що вірить в Бога, але не виконує Його заповідей, це означає, що істини немає в ньому, і він говорить неправду перед Богом.

Тоді якою є перша заповідь, яку повинні виконувати Божі діти, доводячи свою любов до Бога?

## «Хай не буде тобі інших богів передо Мною!»

Тут слово «тобі» означає Мойсея, який безпосередньо отримав Десять Заповідей від Бога, Ізраїльтян, які отримали заповіді від Мойсея, і всіх Божих дітей у наш час, які отримали спасіння ім'ям Господа. Як ви думаєте, чому у першій заповіді Бог наказує Своєму народові не мати інших богів перед Ним?

Тому що лише Бог є істинним і живим Богом, всемогутнім Творцем всесвіту. Також лише Бог може керувати всесвітом, історією людства, життям і смертю, а також давати істинне і вічне життя людині.

Бог визволив нас від рабства гріха у цьому світі. Тому ми

не повинні мати інших богів у своєму серці.

Але багато нерозумних людей віддаляють себе від Бога, все життя поклоняючись фальшивим ідолам. Деякі люди поклоняються образу Будди, який не може навіть моргати, дехто поклоняється камінню, старим деревам, а дехто навіть повертається обличчям до Північного полюсу і поклоняється йому.

Деякі люди поклоняються природі, звертаючись за іменами до багатьох фальшивих богів, а також мертвим людям. Кожне плем'я і кожний народ має власну кількість ідолів. Лише в Японії люди мають близько восьми мільйонів богів.

Отже, як ви вважаєте, для чого люди створюють всіх своїх фальшивих ідолів і поклоняються їм? Тому що вони намагаються знайти спосіб заспокоїти себе, або просто наслідують традиції своїх предків, які виявляються хибними. Або вони можуть мати егоїстичне бажання отримати більше благословень або більше удачі, поклоняючись багатьом різним богам.

Але ми повинні розуміти, що крім Бога-Творця жоден бог не має сили благословляти, а тим більше спасати нас.

## Природа доводить існування Бога-Творця

У Посланні до римлян 1:20 написано: *«Бо Його невидиме від створення світу, власне Його вічна сила й Божество, думанням про твори стає видиме. Так що нема їм виправдання».* Якщо ми розглянемо принципи існування всесвіту, ми можемо побачити, що безумовний Творець існує, і що є лише один Бог-Творець.

Наприклад, якщо поглянути на всіх людей на землі, ми побачимо, що всі мають однакову будову тіла, яке виконує однакові функції. Незалежно від кольору шкіри людини, від її раси, країни проживання, вона має два ока, два вуха, один ніс, один рот, що однаково розташовані на обличчі. Той самий принцип стосується тварин.

Слон – це тварина з довгим хоботом. Але зауважте, що він має один ніс і дві ніздрі. Кролики з довгими вухами і люті леви мають однакову кількість очей, рот, вуха, так само як і люди. Незчисленні живі організми, звірі, риба, птахи і навіть комахи, окрім тих особливостей, які відрізняють їх одне від одного, мають однакову будову тіла, яке виконує однакові функції. Це підтверджує той факт, що всі вони мають єдиного творця.

Явища природи також ясно доводять існування Бога-Творця. За день Земля робить один оберт навкруг своєї осі, і за рік вона робить одне обертання навкруг Сонця, а

Місяць робить одне обертання навкруг Землі за місяць. Через ці обертання та цикли ми бачимо, як відбуваються звичайні природні явища: ніч і день, чотири пори року. Відбуваються приливи, відливи, і в результаті процесу теплообміну відбувається циркуляція повітря в атмосфері.

Місцезнаходження і рух землі робить цю планету ідеальним місцем для життя людей та інших живих організмів. Відстань між сонцем і землею не може бути меншою або більшою. Відстань між сонцем і землею завжди була на ідеальній відстані від початку часів, і цикли та обертання навкруг сонця відбуваються завжди без найменшої помилки.

Оскільки всесвіт був створений і працює відповідно до Божої мудрості, щодня відбувається багато неймовірного, чого людина не може до кінця зрозуміти.

За умови всіх цих ясних доказів жоден не зможе виправдатися у день суду, промовивши: «Я не зміг повірити, бо не знав, що Бог дійсно існує».

Ісаак Ньютон попросив досвідченого механіка побудувати складну модель сонячної системи. Одного разу до нього в гості прийшов друг-атеїст і побачив модель сонячної системи. Без жодної думки він повернув заводну ручку, і відбулося дещо дивовижне. Кожна планета моделі почала обертатися навкруг сонця з різною швидкістю.

Друг не зміг приховати свого здивування і промовив: «Це дійсно чудова модель! Хто її зробив?» Як ви думаєте, що відповів Ньютон? Він сказав: «Ніхто. Все просто випадково само так склалося».

Товариш відчув іронію і парирував: «Невже?! Ти маєш мене за дурня? Яким чином така складна модель могла просто з'явитися із нічого?»

На це Ньютон відповів: «Це лише маленька модель сонячної системи. Ти стверджуєш, що навіть проста модель як ця не може просто скластися без проектувальника або творця. Тоді як ти можеш пояснити віруючій людині, що сонячну систему, яка ще складніша і більша, ніхто не створював?»

Ось що Ньютон написав у своїй праці *«Математичні начала натуральної філософії»*, яку ще інакше називають *«Начала»:* «Ця найпрекрасніша система сонця, планет і комет могла розвинутися з наміру та влади розумної і сильної Істоти... Він [Бог] вічний і безмежний».

Тому велика кількість вчених, які досліджують закони природи, – християни. Чим більше вони вивчають природу і всесвіт, тим більше вони відкривають всемогутність Бога.

Крім того, через дива та знамення, які трапляються з віруючими, через Божих служителів і робітників, яких любить і визнає Бог, а також через історію чоловіка, який виконав пророцтва Біблії, Бог являє нам багато доказів, щоби ми вірили в Нього, живого Бога.

## Люди, які визнавали Бога-Творця, не почувши Євангелія

Якщо ви подивитеся на історію людства, ви можете побачити, що люди з добрим серцем, які ніколи не чули Євангелія, визнавали єдиного Бога-Творця і намагалися жити праведно.

Люди з нечистими серцями і заплутаним розумінням поклонялися багатьом різним богам, намагаючись заспокоїти себе. З іншого боку, люди з чесним і відкритим серцем поклонялися і служили лише одному Богу-Творцю незважаючи на те, що не знали про Нього.

Наприклад, адмірал Лі Сунсін, що жив у період правління династії Чосон в Кореї, все своє життя служив своїй країні, царю і народові. Він поважав своїх батьків і за весь період свого життя ніколи не намагався знайти власної вигоди, але жертвував собою заради інших. Він також не знав про Бога і нашого Господа Ісуса, він не поклонявся шаманам, демонам та злим духам, але з доброю совістю звертався лише до небес і вірив у єдиного творця.

Ці добрі люди ніколи не вивчали Боже слово, але ви можете бачити, що вони завжди намагалися жити в істині і справедливості. Бог відкрив шлях для таких людей, щоби вони також отримали спасіння через «суд совісті». Так Бог дає спасіння людям Старого Заповіту, а також людям, які жили після приходу Ісуса на землю, але не мали можливості почути Євангеліє.

У Посланні до римлян 2:14-15 написано: *«Бо коли погани, що не мають Закону, з природи чинять законне, вони, не мавши Закону, самі собі Закон, що виявляють діло Закону, написане в серцях своїх, як свідчить їм сумління та їхні думки, що то осуджують, то виправдують одна одну».*

Якщо люди з доброю совістю чують Євангеліє, вони дуже легко впускають Господа у своє серце. Бог дозволив цим душам тимчасово залишитися у «Верхньому шеолі», щоби потім потрапити на небеса.

Коли життя людини закінчується, її дух залишає фізичне тіло. Дух тимчасово залишається у місці, яке називається «шеол». Це тимчасове місце для пристосування до духовного світу перед тим, як людина потрапить у свою вічну оселю. Це місце розділене на «Верхній шеол», де очікують люди, які отримали спасіння, та «Нижній шеол», де у муках очікують люди, які не отримали спасіння (Книга Буття 37:35; Книга Йова 7:9; Книга Числа 16:33; Євангеліє від Луки 16).

Але у Книзі Дії 4:12 написано: *«І нема ні в кім іншім спасіння. Бо під небом нема іншого Ймення, даного людям, що ним би спастися ми мали»*. Тож для того, щоби бути упевненим, що ті душі у Верхньому шеолі мають можливість почути Євангеліє, Ісус увійшов до Верхнього шеолу, щоби поділитися з тими душами Євангелієм.

Підтвердження цьому можна знайти у Біблії. У 1 Посланні Петра 3:18-19 написано: *«Бо й Христос один раз постраждав був за наші гріхи, щоб привести нас до Бога, Праведний за неправедних, хоч умертвлений тілом, але Духом оживлений, Яким Він і духам, що в в'язниці були, зійшовши, звіщав»*. Ті «праведні» душі у Верхньому шеолі впізнали Ісуса, прийняли Євангеліє і отримали спасіння.

Отже щодо людей, які жили з доброю совістю і вірили в єдиного Творця, чи то вони жили за часів Старого Заповіту, чи то ніколи не чули Євангелія та законів, Бог справедливості поглянув у глибину їхніх сердець і відчинив для них двері спасіння.

## Чому Бог наказав Своєму народові не мати інших богів перед Ним

Інколи невіруючі говорять: «Християнство вимагає вірити в єдиного Бога. Це робить релігію дуже жорсткою, де відсутні виключення».

Існують також люди, які називають себе віруючими, але покладаються на хіромантію, чаклунство, заклинання і талісмани.

Бог чітко наказав нам не йти на компроміс у цій сфері. Він сказав: «Хай не буде тобі інших богів передо Мною». Це означає, що ми ніколи не повинні звертатися до фальшивих ідолів чи будь-яких Божих створінь і отримувати від них благословення. Також жодним чином ми не повинні прирівнювати їх до Бога.

Існує лише один Творець, який створив нас. Лише Він може благословити нас і дати нам життя. Фальшиві ідоли, яким поклоняються люди, зрештою мають диявольське походження. Вони ворожі до Бога.

Ворог-диявол намагається заплутати людей, щоби вони віддалилися від Бога. Поклоняючись фальшивим ідолам, люди насправді поклоняються сатані, наближаючись до своєї загибелі.

Тому люди, які заявляють, що вірять в Бога, але

поклоняються фальшивим ідолам у своєму серці, підпорядковуються ворогові-дияволу. Тому вони продовжують відчувати біль і горе, страждають від хвороб і нещастя.

Бог є любов і Він не хоче, щоби Його народ поклонявся фальшивим ідолам і прямував до вічної смерті. Тому Він наказує, щоби ми не мали інших богів перед Ним. Поклоняючись лише Йому, ми можемо мати вічне життя. Ми також отримаємо від Нього багаті благословення ще на цій землі.

## Ми повинні отримувати благословення, з вірою покладаючись лише на Бога

У 1 Книзі Хроніки 16:26 написано: *«Бо всі боги народів божки, а ГОСПОДЬ небеса сотворив!»* Якби Бог ніколи не говорив: «Ви не повинні мати інших богів передо Мною», тоді нерішучі люди або навіть деякі віруючі могли би несвідомо поклонятися фальшивим ідолам, прямуючи до вічної смерті.

Ми бачимо це з історії Ізраїльського народу. Ізраїльтяни знали про єдиного Творця всесвіту і безліч разів відчували Його силу. Але з часом вони віддалилися від Бога і почали поклонятися іншим богам та ідолам.

Вони вважали, що ідоли язичників виглядали гарними, тож вони почали поклонятися їм та Богові одночасно. В результаті вони відчули багато спокус, горя, кар, які ворог, сатана і диявол, наклав на них. Лише коли вони більше не могли протистояти болю і тяжким випробуванням, вони каялися і поверталися до Бога.

Бог, Який є любов, прощав їх знову і знову і визволив від нещасть, тому що Він не хотів, щоби вони відчули вічну смерть в результаті поклоніння фальшивим ідолам.

Бог постійно доводить нам те, що Він – Творець, живий Бог, щоби ми поклонялися Йому і тільки Йому. Він визволив нас від гріха через Свого єдиного Сина, Ісуса Христа, давши обітницю вічного життя і надію на вічне життя на небесах.

Бог допомагає нам зрозуміти і вірити в те, що Він – живий Бог, являючи знамення і дива через Свій народ, а також через шістдесят шість книжок Біблії та історію людства.

Отже ми повинні з вірою поклонятися Богові-Творцю всесвіту, Який управляє всім. Ми, Його діти, повинні приносити багатий плід, покладаючись лише на Нього.

# Розділ 3
Друга Заповідь

«Не роби собі ідола
і не вклоняйся йому»

**Вихід 20:4-6**

«Не роби собі різьби і всякої подоби з того, що на небі вгорі, і що на землі долі, і що в воді під землею. Не вклоняйся їм і не служи їм, бо Я ГОСПОДЬ, Бог твій, Бог заздрісний, що карає за провину батьків на синах, на третіх і на четвертих поколіннях тих, хто ненавидить Мене, і що чинить милість тисячам поколінь тих, хто любить Мене, і хто держиться Моїх заповідей».

«Господь помер за мене на хресті. Як я можу зректися Господа через страх смерті? Ліпше я помру десять разів за свого Господа, ніж зраджу Його, і за це проживу сто або навіть тисячу безглуздих років. Я маю лише одне зобов'язання. Будь ласка, допоможіть мені подолати силу смерті, щоби я не зганьбив свого Господа, зберігши власне життя».

Це визнання преподобного Кі-Чол Чу, який став мучеником віри, відмовившись вклонитися японському божеству. Його історія записана у книзі *«Більше ніж завойовники. Розповідь про мученика, преподобного Кі-Чол Чу»*. Без страху перед мечами та рушницями, преподобний Кі-Чол Чу віддав своє життя заради покори Божій заповіді, відмовившись вклонитися жодному ідолу.

## «Не роби собі ідола і не вклоняйся йому»

Ми – християни. Наш обов'язок – любити Бога і поклонятися лише Йому. Тому Бог дав нам першу заповідь: «Хай не буде тобі інших богів передо Мною!» А далі, щоби суворо заборонити поклоніння ідолам, Він дав нам другу заповідь: «Не роби собі ідола і не вклоняйся йому».

Спочатку ви можете подумати, що перша і друга заповіді подібні. Але вони розділені, тому що мають різне духовне значення. Перша заповідь – це застереження проти багатобожжя, вона наказує нам любити і поклонятися эдиному істинному Богові.

Друга заповідь наказує не вклонятися фальшивим ідолам. В ній також пояснюються благословення, які отримують люди, якщо поклоняються Богові і люблять Його. Тож давайте докладніше розглянемо значення слова «ідол».

### Фізичне визначення «ідола»

Слово «ідол» можна пояснити двома способами: фізичний ідол і духовний ідол. У фізичному розумінні «ідол» – це «образ матеріального об'єкту, створеного для зображення бога, який не має фізичної форми, якій можна поклонятися».

Інакше кажучи, ідол може бути будь-чим: деревом, каменем, образом людини, ссавців, комах, птахів, морських створінь, сонця, місяця, зірок у небі, або чогось вигаданого людиною, виготовленого із сталі, срібла, золота або будь-чого, що існує, що можна шанувати або чому можна поклонятися.

Але ідол, створений людиною, неживий, тож не може ні відповісти, ані благословити вас. Якщо люди, які були створені за образом Божим, власними руками створили інший образ і поклоняються йому, благаючи благословень, невже це не безглуздя?

У Книзі Пророка Ісаї 46:6-7 написано: *«Ті, що золото сиплють з киси, срібло ж важать вагою, винаймлюють золотаря, щоб із того їм бога зробив, і перед ним вони падають та поклоняються, носять його на плечі, підіймають його, і ставлять його на місці його. І стоїть, і з місця свого він не рухається; коли ж хто до нього кричить, то він не відповість, і не врятує його від недолі».*

У цих віршах говориться не лише про створення ідолів і поклоніння їм, але також про віру в амулети проти лихої долі, а також виконання жертовних обрядів під час поклоніння померлим. Навіть вірування людей у забобони і практика чаклунства підпадає під цю категорію. Люди вважають, що амулети проганяють страждання і приносять удачу, але це не так. Духовні люди можуть побачити, що темрява, злі духи насправді притягуються до місць, де є амулети та ідоли, зрештою приносячи нещастя людям, які володіють ними. Крім живого Бога немає жодного іншого бога, який би дав істинні благословення людям. Інші боги є насправді джерелом нещасть і проклять.

Тоді чому люди створюють ідолів і поклоняються їм? Тому що люди схильні задовольняти себе тим, що вони можуть побачити, відчути, торкнутися.

Ми бачимо, що саме так думали Ізраїльтяни, які вийшли з Єгипту. Коли вони звернулися до Бога за скаргою щодо своєї болі і тяжкої праці, яку вони змушені були виконувати протягом 400 років рабства, Бог призначив Мойсея бути їхнім вождем виходу з Єгипту, показав їм різні знамення і дива, щоби вони вірили в Нього.

Коли фараон відмовився відпустити народ, Бог наклав на Єгипет десять кар. Коли на шляху Ізраїльського народу з'явилося Червоне море, Бог розділив його навпіл. Навіть після таких див, коли Мойсей був на горі протягом сорока днів, коли отримував Десять Заповідей, терпіння народу увірвалося. Ізраїльтяни створили ідола і почали поклонятися йому. Не маючи змоги деякий час бачити божого слугу Мойсея, вони захотіли створити дещо видиме, чому можна поклонитися. Вони створили золотого тельця і назвали його богом, який вивів їх. Вони навіть принесли йому жертви, їли, пили і танцювали навколо нього. Така поведінка викликала великий гнів Бога.

Оскільки Бог – це дух, люди не можуть Його бачити очима, не можуть створити Його фізичне зображення. Тому ми не повинні створювати ідола і називати його «богом». І ми також не повинні поклонятися йому.

У Книзі Повторення Закону 4:23 написано: *«Стережіться, щоб не забули ви заповіту ГОСПОДА, вашого Бога, якого склав з вами, щоб не зробили ви собі боввана на подобу всього, як наказав тобі ГОСПОДЬ, Бог твій».* Поклоніння мертвому, безсилому бовванові замість Бога, істинного Творця, зробить людині більше шкоди, ніж користі.

## Приклади ідолопоклонства

Деякі віруючі можуть потрапити у пастку ідолопоклонства, навіть не знаючи цього. Наприклад, дехто може поклонятися зображенню Ісуса або статуї Діви Марії, або якогось іншого передвісника віри.

Багато людей не вважають це ідолопоклонством. Але насправді це є різновидом ідолопоклонства, яке не подобається Богові. Гарний приклад: багато людей називають діву Марію «Пресвятою Богородицею». Але вивчаючи Біблію ви можете побачити, що це безумовно неправильно.

Ісус був зачатий Святим Духом, а не шляхом запліднення, у якому звичайно беруть участь яйцеклітина жінки і сперматозоїд чоловіка. Тому ми не можемо називати Діву Марію Божою «матір'ю». Наприклад, сучасні технології дозволяють лікарям вміщувати сперматозоїд чоловіка і яйцеклітину жінки у сучасний апарат який робить штучне запліднення. Це не означає, що ми можемо називати цей апарат «матір'ю» дитини, яка народиться у результаті даного процесу.

Ісус, сущий від Бога-Отця, був зачатий Святим Духом і народився із тіла Діви Марії, щоби потрапити у цей світ у фізичному тілі. Тому Ісус називає Діву Марію «жоно», а не «матір» (Євангеліє від Івана 2:4, 19:26). В Біблії про Марію говорять як про «матір» Господа лише тому, що події описуються з точки зору учнів, які писали Біблію.

Саме перед Своєю смертю Ісус промовив до Івана: «Оце мати твоя!», говорячи про Марію. Тут Ісус просив Івана піклуватися про Марію як про власну матір (Євангеліє від Івана 19:27). Ісус попросив це зробити, бо намагався утішити Марію, тому що Він розумів її смуток, оскільки вона служила Йому від моменту Його зачаття і доки Він не досяг повної зрілості за допомогою Божої сили, і став повністю незалежним від неї.

Отже поклонятися статуї Діви Марії неправильно.

Пару років тому під час мого візиту в одну з країн Середнього Сходу один впливовий чоловік запросив мене до себе і під час зустрічі показав цікавий килим. То був безцінний килим ручної роботи, який виготовляли декілька років. На ньому був зображений чорношкірий Ісус. З цього прикладу можемо зробити висновок, що навіть образ Ісуса може бути мінливим в залежності від того, хто Його малює, або виліплює статую. Тому якщо ми будемо поклонятися або молитися цьому образу, ми будемо поклонятися ідолові, що неприпустимо.

### Що можна вважати «ідолом», а що ні?

Інколи зустрічаються надто обережні люди, які сперечаються про те, що «хрест» у церквах – це різновид ідола. Однак хрест – це не ідол. Це символ Євангелія, у яке вірять християни. Віруючі споглядають на хрест, щоби пам'ятати жертовну кров Ісуса, пролиту за гріхи всього людства, а також про милість Бога, Який дав нам Євангеліє. Хрест не може бути ні об'єктом поклоніння, ані ідолом.

Те саме стосується картин із зображенням Ісуса, Який тримає ягня, або картини *Таємна Вечеря*, або будь-якої скульптури, у якій митець лише хотів передати думку.

Зображення Ісуса, Який тримає ягня, говорить про те, що Він – Пастир Добрий. Художник не створював цю картину, щоби вона стала об'єктом поклоніння. Але якщо хтось поклонятиметься їй, вона стане ідолом.

Існують випадки, коли люди говорять: «У часи Старого Заповіту Мойсей робив ідола». Вони посилаються на подію, коли Ізраїльтяни нарікали на Бога, тож їх почали кусати у пустелі отруйні змії. Коли багато людей померло від укусів отруйних змій, Мойсей зробив мідяного змія і виставив його на жердині. Люди, які корилися Божому слову, – жили, а ті, хто не дивився, – помирали.

Бог не наказав Мойсею зробити мідяного змія, щоби люди поклонялися йому. Він хотів показати народові приклад Ісуса Христа, Котрий одного разу прийде, щоби визволити їх від прокляття, яке було на них накладене згідно духовних законів.

Люди, які корилися Богові і споглядали на мідяного змія, не вмирали. Так само люди, які вірять у те, що Ісус Христос загинув на хресті за їхні гріхи, і приймають Його як свого Спасителя і Господа, не загинуть через свої гріхи, але житимуть вічно.

У 2 Книзі Царів 18:4 написано: *«Він понищив пагірки, і поламав стовпи для богів, і стяв Астарту, і розбив мідяного змія, якого зробив був Мойсей, бо аж до цих днів Ізраїлеві сини все кадили йому й кликали його: Нехуштан»*. Це знову нагадує людям про те, що хоча мідяний змій був зроблений за наказом Бога, він не повинен стати об'єктом поклоніння, бо не таким був намір Бога.

## Духовне визначення «ідола»

Ми також повинні розуміти, що означає «ідол» у духовному сенсі. Духовне значення «ідолопоклонства» – це «все, що людина любить більше за Бога». Ідолопоклонство не обмежується поклонінням образу Будди або померлим предкам.

Якщо через своє егоїстичне бажання ми любимо наших батьків, чоловіка, дружину або навіть дітей більше, ніж Бога, у духовному сенсі, ми перетворюємо своїх коханих і близьких на «ідолів». І якщо ми надто хвалимося собою і надто себе любимо, ми перетворюємо самі себе на ідолів.

Звичайно, це не означає, що ми повинні любити лише Бога і не любити більше нікого. Наприклад, Бог говорить Своїм дітям, що їх обов'язок любити своїх батьків в істині. Він також наказує їм: «Шануйте своїх батьків». Однак якщо любов до батьків стає причиною нашого віддалення від істини, тоді це означає, що ми любимо батьків більше за Бога, а отже, перетворили їх на «ідолів».

І хоча наші батьки народили нас фізично, наше тіло, Бог створив сперматозоїди і яйцеклітини, або зерна життя, тому що Бог – Батько наших душ. Припустимо, батьки-нехристияни негативно ставляться до того, щоби їх дитина ходила до церкви у неділю. Якщо їх дитина-християнин не піде до церкви, щоби догодити своїм батькам, це означає, що дитина любить батьків більше, ніж Бога. Це не лише змушує Бога журитися, але також означає, що дитина насправді не любить своїх батьків.

Якщо ви дійсно когось любите, ви матимете бажання, щоби та людина отримала спасіння і вічне життя. Тож передусім ви повинні святити День Господній, молитися за своїх батьків і якнайшвидше поділитися з ними Євангелієм. Тільки після цього ви можете сказати, що дійсно любите і поважаєте своїх батьків.

І навпаки. Якщо у вас є діти і ви дійсно їх любите, ви повинні любити Бога більше, а потім своїх дітей Божою любов'ю. Незалежно від того, якими дорогоцінними для вас є ваші діти, ви не можете захистити їх від ворога, сатани і диявола, своєю обмеженою людською силою. Ви не можете ні захистити їх від несподіваних нещасливих випадків, ані вилікувати їх від хвороби, що невідома сучасній медицині.

Але якщо батьки поклоняються Богові і довіряють своїх дітей у руки Бога, люблять їх Божою любов'ю, Бог захистить їх. Він дасть їм не лише духовну і фізичну силу, але й благословить їх, так що вони будуть успішними в усіх сферах свого життя.

Така сама ситуація з любов'ю між чоловіком і дружиною. Подружжя, яке не знає про істинну Божу любов, зможе лише любити один одного плотською любов'ю. Інколи вони шукатимуть власної вигоди і, таким чином, сперечатимуться. І з часом їхня любов одне до одного може навіть змінитися. Однак якщо подружжя любить одне одного, перебуваючи у Божій любові, чоловік і дружина зможуть любити одне одного також духовною любов'ю. У такому випадку подружжя не буде гніватися та ображатися одне на одного, і вони не намагатимуться задовольнити лише свої власні егоїстичні бажання. Скоріше вони ділитимуться одне з одним незмінною, справжньою і прекрасною любов'ю.

### Любити когось або щось більше, ніж Бога

Лише перебуваючи у Божій любові і люблячи найперше Бога-Отця, ми можемо любити інших істинною любов'ю. Тому Бог наказує, щоби ми «Сперщу любили Бога» і «Не робили собі інших богів перед Ним». Але якщо, почувши це, ви говорите: «Я пішов до церкви, і там мені сказали любити лише Бога і не любити своїх рідних», тоді ви дійсно не зрозуміли духовний зміст Божої заповіді.

Якщо ви як віруюча людина порушуєте Божі заповіді або ідете на компроміс зі світом щоби заволодіти матеріальними благами, славою, знаннями або владою, і таким чином віддаляєтеся від істини, ви створюєте для себе ідола у духовному розумінні цього слова.

Існують також люди, які не святять День Господній або не віддають десятину, тому що люблять багатство більше за Бога, незважаючи на те, що Бог обіцяє благословити тих, хто віддає десятину.

Підлітки часто вішають у своїй кімнаті зображення своїх улюблених співаків, акторів, спортсменів чи музикантів, або роблять закладки для книжок з їхнім зображенням, або навіть носять листівки з їхнім зображенням у кишені, щоби таким чином вони були ближче до їхнього серця. У певний час підлітки люблять цих людей більше за Бога.

Звичайно, ви можете любити чи поважати акторів, актрис, спортсменів та інших видатних людей, які дуже гарно і талановито роблять свою справу. Але якщо ви любите і пестите земне так що віддаляєтеся від Бога, Богові це не подобається. До того ж якщо діти віддають все своє серце певним іграшкам чи відеоіграм, вони також можуть все це перетворити на «ідолів».

## Бог ревнує, бо любить нас

Давши чітку заповідь проти ідолопоклонства, Бог говорить нам про благословення для тих, хто слухається Його, і застереження для тих, хто Його не слухається.

*«Не вклоняйся їм і не служи їм, бо Я ГОСПОДЬ, Бог твій, Бог заздрісний, що карає за провину батьків на синах, на третіх і на четвертих поколіннях тих, хто ненавидить Мене, і що чинить милість тисячам поколінь тих, хто любить Мене, і хто держиться Моїх заповідей»* (Вихід 20:5-6).

Коли Бог говорить, що Він «Бог заздрісний» у вірші 5, це слово не має звичне для нас значення. Тому що заздрість Богові не властива. Бог використав тут слово «заздрісний», щоби нам легше було зрозуміти. Людська заздрість походить від плоті, бруду, нечистоти. Вона ображає інших людей.

Наприклад, якщо чоловік покохає іншу жінку і його дружина почне ревнувати до неї, раптова зміна у поведінці ображеної дружини буде жахливою. Дружина сповниться гнівом і ненавистю. Вона сперечатиметься зі своїм чоловіком і розповість про його провини всім своїм знайомим, так що він впаде у немилість. Інколи дружина іде до тієї коханки, щоби побити її. Вона також може подати позив до суду на свого чоловіка. У такому випадку, коли дружина через свої ревнощі бажає, щоби з її чоловіком сталося щось погане, її ревнощі походять не від любові, але від ненависті.

Якби дружина дійсно любила свого чоловіка духовною

любов'ю, замість плотських ревнощів вони би спершу проаналізувала свою поведінку і запитала себе: «Чи маю я прихильність у Бога? Чи дійсно я любила свого чоловіка і допомагала йому?» І замість того, щоби ганьбити свого чоловіка, розповідаючи про всі його провини оточуючим, вона би попросила у Бога мудрості, щоби дізнатися як повернути його вірність.

Тож які ревнощі має Бог? Якщо ми не поклоняємося Богові і не живемо в істині, Бог відвертає Своє лице від нас. Тоді нас спіткають негаразди, труднощі і хвороби. Якщо таке трапляється, знаючи, що хвороба походить від гріха (Євангеліє від Івана 5:14), віруючі каються і знову намагаються шукати Бога.

Як пастор я зустрічаюся з членами церкви, які час від часу відчувають це у своєму житті. Наприклад, один член церкви може бути успішним бізнесменом, чия справа швидко зростає. Виправдовуючи себе великою зайнятістю, він вже не може зосередитися на роботі для Бога і перестає звертатися до Нього у молитві. Він навіть доходить до того, що починає пропускати богослужіння у неділю.

В результаті Бог відвертає Своє лице від цієї людини, яка колись справлялася з кризою. Лише тоді чоловік починає розуміти свою помилку, що він жив не за Божими заповідями, і кається. Бог краще дозволить, щоби Його улюблені діти стикнулися з труднощами на короткий проміжок часу і зрозуміли Його волю, отримали спасіння і прямували шляхом істини, ніж назавжди відійшли від Бога.

Якби у Бога не було такої ревності, яка походить від любові, але Він би байдуже спостерігав за нашими провинами, ми би не тільки не змогли зрозуміти свої помилки, але й стали би бездушними, постійно би грішили і зрештою стали би на шлях вічної смерті. Отже Бог наш заздрісний, бо любить нас. Таким чином Він висловлює Свою велику любов і бажання вести нас до вічного життя.

## Благословення і прокляття, які залежать від покори або непокори Другій Заповіді

Бог – наш Творець і Отець, Який віддав у жертву Свого єдиного Сина, щоби всі люди отримали спасіння. Він також найвищий понад всіма людьми і бажає благословити тих, хто поклоняється Йому.

Не поклонятися і не шанувати цього Бога, але поклонятися лише фальшивим ідолам, означає ненавидіти Бога. Людей, які ненавидять Бога, Він карає. Як написано, що діти будуть покарані за гріхи батьків до третього і четвертого роду (Книга Вихід 20:5).

Озирнувшись навкруг, ми можемо побачити, що ті сім'ї, які поклонялися ідолам з роду в рід, продовжують отримувати кару. Люди із цих сімей можуть бути злобними, хворіти невиліковними хворобами, бути потворними, мати вроджене недоумство, бути одержимими дияволом, схильними до самогубства, мати фінансові труднощі та багато інших нещасть. І якщо ці негаразди продовжуватимуться до четвертого роду, тоді вся родина буде повністю і назавжди знищена.

Але як ви думаєте, чому Бог сказав, що покарає «на третіх і на четвертих поколіннях» а не «на четвертих поколіннях»? У цьому проявляється Боже співчуття. Він звільняє місце для тих нащадків, які каються і звертаються до Бога, хоча їхні предки могли поклонятися фальшивим ідолам і бути ворожими до Бога. Ці люди дають Богові можливість зупинити покарання цього роду.

Але люди, чиї предки були ворогами Бога та ідолопоклонниками, які зрощували зло, постануть перед труднощами, коли намагатимуться прийняти Господа. Навіть якщо вони приймають Його, вони залишаються духовно прив'язаними до своїх предків. Тож доки ці люди не одержать духовну перемогу, вони переживатимуть багато труднощів у своєму духовному житті. Ворог, сатана і диявол, втручатиметься різними способами, щоби утримати цих людей подалі від віри, тягти їх у вічну темряву за собою.

Однак якщо нащадки, бажаючи отримати Божу благодать, з покорою покаються за гріхи своїх предків і намагатимуться позбутися гріховної природи, тоді Бог неодмінно захистить їх. Тож з іншого боку, якщо люди люблять Бога і виконують Його заповіді, Бог благословляє їхні сім'ї до тисячного покоління, дозволивши вічно отримувати Його благодать. Якщо подумати, що Бог каратиме до третього і четвертого роду, але благословить до тисячного роду, ми можемо побачити, що Бог любить нас.

Але це не означає, що ви автоматично отримаєте багаті благословення лише тому, що ваші предки були великими Божими служителями. Наприклад, Бог назвав Давида «чоловіком за серцем Своїм», і обіцяв благословити його нащадків (1 Книга Царів 6:12). Однак ми знаємо, що деякі діти Давида, які відвернулися від Бога, не отримали обіцяні благословення.

Якщо роздивитися літописи Ізраїльських царів, можна побачити, що ті царі, які поклонялися Богові і служили Йому, отримали благословення, які Бог обіцяв дати Давидові. Під час їхнього правління народ процвітав, так що сусідні народи віддавали їм данину. Однак царі, які відвернулися від Бога і згрішили перед Ним, відчули у своєму житті багато труднощів.

Лише якщо людина любить Бога і намагається жити в

істині, не зганьбивши себе ідолами, вона може отримати всі благословення, які накопичили для неї предки.

Тож якщо ми позбудемося всіх духовних і матеріальних ідолів, котрі огидні для Бога, і поставимо Його на перше місце, ми також можемо отримати багаті благословення, які Бог обіцяв дати всім Своїм вірним рабам та їхнім майбутнім поколінням.

## Розділ 4

Третя Заповідь

«Не призивай Імення ГОСПОДА, Бога твого, надаремно»

**Вихід 20:7**

*«Не призивай Імення ГОСПОДА, Бога твого, надаремно, бо не помилує ГОСПОДЬ того, хто призиватиме Його Ймення надаремно».*

Легко зрозуміти, що Ізраїльтяни дійсно пестили слова Бога. Це видно від того як вони записували Біблію або навіть читали із неї.

Перед створенням друкування людям доводилося переписувати Біблію вручну. І кожного разу, коли треба було писати слово «Єгова», переписувач повинен був вимитися декілька разів і навіть поміняти пензля, яким він писав, бо ім'я було таким святим. І кожного разу, коли переписувач робив помилку, він мав вирізати той розділ і переписати знову. Але коли траплялася помилка у слові «Єгова», переписувач повинен був розпочати повну перевірку всієї роботи від початку.

Також якщо Ізраїльтяни читали Біблію, вони не промовляли ім'я «Єгова» вголос. Замість того вони читали «Адонаі», що означає «Мій Господь», бо вони вважали Боже ім'я надто святим для прочитання.

Оскільки ім'я «Ягве» означає «Бог», вони вірили, що воно також є образом Божої славетної і верховної природи. Для них це ім'я означало всемогутнього Творця.

## «Не призивай Імення ГОСПОДА, Бога твого, надаремно»

Деякі люди навіть не пам'ятають, що є така заповідь.

Навіть серед віруючих є люди, які високо не шанують ім'я Бога і продовжують неправильно вживати його.

«Неправильно вживати» означає використовувати щось неправильно або неналежним чином. Неправильно вживати Боже ім'я означає вживати Боже святе ім'я неправильно, без святості та істини.

Наприклад, якщо людина висловлює власні думки, стверджуючи що промовляє Боже слово, або якщо вона діє відповідно до своїх бажань, стверджуючи, що чинить це за волею Бога, тоді така людина неправильно вживає Його ім'я. Використання ім'я Бога для неправдивої клятви, жарту та іншого є прикладами призивання Божого імення надаремно.

Ще одним прикладом використання Божого імення надаремно є випадок коли люди, які навіть не шукають Бога, потрапляють у нужду і ображено промовляють: «Бог такий байдужий!», або «Якби Бог був дійсно живий, чи міг би Він дозволити цьому трапитися?»

Чи може Бог називати нас безгрішними, якщо ми, Його творіння, неправильно вживаємо ім'я нашого Творця, Котрому належить вся слава і честь? Тому ми повинні шанувати Бога і намагатися жити в істині, постійно досліджуючи себе з розважливістю, щоби бути впевненими, що ми не проявляємо зухвальство чи неповагу до Бога.

Тож чому призивати Імення Бога надаремно – це гріх?

По-перше, ми неправильно вживаємо Імення Бога через відсутність віри.

Навіть серед філософів, які заявляють, що вивчають значення життя та існування всесвіту, є такі, що стверджують, що Бог мертвий. І навіть звичайні люди інколи нерозсудливо говорять: «Бога не існує».

Колись російський космонавт сказав: «Я виходив у відкритий космос і ніде не бачив Бога». Але як космонавт він повинен був знати краще за будь-кого, що ділянка, яку він досліджував, була лише маленькою частиною величезного всесвіту. Безглуздим було для космонавта сказати, що Бог, Творець всього всесвіту, не існує, лише тому що він не міг побачити Бога своїми очима у порівняно невеличкому просторі космосу, де він перебував на той час.

У Книзі Псалмів 53:2 написано: *«Безумний говорить у серці своїм: «Нема Бога!» Зіпсулись вони, і несправедливість обридливу чинять, нема доброчинця!»* Людина, яка дивиться на всесвіт з покірним серцем, може знайти незліченну кількість доказів, які вказують на Бога-Творця (Послання до римлян 1:20).

Бог кожному дав можливість повірити в Нього. Перед приходом на землю Ісуса Христа, у часи Старого Заповіту,

Бог торкався сердець добрих людей, щоби вони відчули живого Бога. Але тепер, у часи Нового Заповіту, Бог продовжує стукати у двері людських сердець різними способами, щоби люди могли пізнати Його.

Тому добрі люди відкривають своє серце і приймають Ісуса Христа, отримують спасіння незалежно від того, яким чином вони почули Євангеліє. Бог дозволяє тим, хто щиро звертається до Нього, відчути Його присутність через сильне враження у серці під час молитви, видіння або духовні сни.

Колись я почув свідоцтво жінки, члена нашої церкви, і був вражений. Одного разу вночі матір цієї жінки, яка померла від раку шлунка, прийшла до неї уві сні і сказала: «Якби я зустрілася з Доктором Джерок Лі, старшим пастором Центральної Церкви Манмін, я би зцілилася...» Ця жінка знала про Центральну Церкву Манмін, але завдяки цьому випадку всі члени родини стали членами цієї церкви, і її єдиний син зцілився від епілепсії.

Досі існують люди, які продовжують заперечувати існування Бога, незважаючи на те, що Він різними способами являє нам докази Свого існування. Тому що серце тих людей недобре і безглузде. Якщо серця цих людей будуть твердими по відношенню до Бога, якщо вони будуть говорити легковажно про Нього, навіть не вірячи у Нього, чи зможе Він назвати їх безгрішними?

Бог, Який навіть знає, скільки волосся у нас на голові, споглядає за кожним нашим рухом палаючими очима. Якби люди вірили у це, вони би ніколи не вживали неправильно імення Бога. Може здатися, що деякі люди вірять в Бога, але оскільки їхня віра не походить від самого серця, вони можуть вживати Його імення неправильно. І це стає гріхом перед Богом.

**По-друге, неправильно вживати імення Бога означає зневагу до Бога.**

Якщо ми зневажаємо Бога, це означає, що ми не поважаємо Його. Якщо ми наважилися зневажати Бога-Творця, тоді ми не можемо стверджувати, що в нас немає гріха.

У Книзі Псалмів 96:4 написано: *«Бо великий ГОСПОДЬ і прославлений вельми, Він грізний понад богів усіх!»* У 1 Посланні до Тимофія 6:16 написано: *«Єдиний, що має безсмертя, і живе в неприступному світлі, Якого не бачив ніхто із людей, ані бачити не може. Честь Йому й вічна влада, амінь!»*

У Книзі Вихід 33:20 написано: *«І Він промовив: Ти не зможеш побачити лиця Мого, бо людина не може побачити Мене і жити».* Бог-Творець такий величний і могутній, що ми, створіння, не можемо нешанобливо подивитися на Нього як нам захочеться.

Тому у давні часи люди, які мали добру совість, зверталися до неба зі словами пошани, навіть якщо вони не знали Бога. Наприклад, в Кореї люди використовували шанобливу форму, коли говорили про небеса або погоду, щоби явити повагу до Творця. Вони могли не знати ГОСПОДА Бога, але знали, що всемогутній Творець всесвіту посилає їм те, що їм необхідне, наприклад, дощ. Тож люди хотіли вшанувати Бога своїми словами.

Більшість людей використовують слова, які являють повагу, і не вживають неправильно імені своїх батьків або людей, яких вони дійсно поважають. Тож якщо ми говоримо про Бога, Творця всесвіту, Який дав життя, чи не повинні ми звертатися до Нього з найсвятішим ставленням і словами найвищої поваги?

На жаль, у наш час є деякі люди, які називають себе віруючими, однак не поважають Бога, вже не говорячи про те, що сприймають серйозно Його ім'я. Наприклад, вони використовують ім'я Бога у жартах або легковажно цитують слова Біблії. Оскільки в Біблії написано: «Бог було Слово» (Євангеліє від Івана 1:1), якщо ми не поважаємо слова Біблії, це все рівно що ми не поважаємо Бога.

Іншим способом неповаги до Бога є неправда з

використанням Його імені. Наприклад, людина щось собі уявила і говорить: «Це голос Бога», або «Це від Святого Духа». Якщо вважається образливим і неввічливим використовувати ім'я старшої людини неналежно, тоді наскільки більше ми повинні бути обачливими, використовуючи таким чином Боже ім'я.

Всемогутній Бог знає серце і думки всіх живих істот як Свої п'ять пальців. І Він знає, чим спричинена кожна дія людини: добром або злом. Вогняними очима Бог спостерігає за життям кожної людини, і судитиме кожного за його справи. Якщо людина дійсно вірить у це, вона ніколи не вживатиме іменння Бога неправильно, не чинитиме гріха і не буде зухвалою по відношенню до Бога.

Ми повинні щедещо пам'ятати: люди, які дійсно люблять Бога, повинні не лише бути обережними, вживаючи Боже ім'я, але й до всього, що з Ним пов'язане. Люди, які люблять Бога, ставляться до будівлі церкви та його майна краще, ніж до свого власного. І вони дуже обережні, коли мають справу з грошима, які належать церкві, незалежно від суми.

Якщо ви випадково розбили чашку, дзеркало, або вікно у церкві, чи зробите ви вигляд, що ви того не робили і забудете про той випадок? Незалежно від розміру, речі, які були відділені для Бога і для служіння Йому, не можна зневажати, або погано поводитися з ними.

Ми також повинні бути уважними, щоби не осуджувати і не применшувати Божу людину, чи подію, яку створив Святий Дух, тому що вони безпосередньо пов'язані з Богом.

Хоча Саул робив багато поганого Давидові і був для нього великою загрозою, Давид пощадив Саула, бо той був царем, якого помазав Бог (1 Книга Самуїлова 26:23). Так само людина, яка любить і поважає Божу волю, буде дуже обережною з усім, що стосується Бога.

По-третє, неправильно вживати імення Бога означає говорити неправду Його іменем.

Якщо поглянути на Старий Заповіт, можна помітити декількох фальшивих пророків, які існували в історії народу Ізраїля. Ці фальшиві пророки спантеличували народ, даючи інформацію, яку нібито дав їм Бог, але насправді то було не так.

У Книзі Повторення Закону 18:20 Бог суворо застерігає проти таких людей. Він говорить: *«А той пророк, що зухвало відважиться промовляти Моїм Ім'ям слова, яких Я не наказав був йому говорити, і що буде говорити, і що буде говорити ім'ям інших богів, хай помре той пророк»*. Якщо хтось говорить неправду, використовуючи Боже Імення, він буде покараний смертю.

У Книзі Об'явлення 21:8 написано: «*А лякливим, і невірним, і мерзким, і душогубам, і розпусникам, і чарівникам, і ідолянам, і всім неправдомовцям, їхня частина в озері, що горить огнем та сіркою, а це друга смерть!*»

Якщо існує друга смерть, значить є і перша смерть. Це ті люди, які вмирають у цьому світі, не маючи віри в Бога. Ці люди потраплять до Нижнього шеолу, де будуть суворо покарані за свої гріхи. З іншого боку люди, які отримали спасіння, будуть ніби царі впродовж тисячолітнього царства на землі після зустрічі з Господом Ісусом Христом на повітрі під час Його другого пришестя.

Після тисячолітнього царства буде суд Великого білого престолу, де всі люди будуть судитися і отримають духовні нагороди, або покарання в залежності від своїх вчинків. У той час душі, які не отримали спасіння, також воскреснуть, щоби постати перед судом, і кожна в залежності від важкості гріхів потрапить у вогняне озеро або палаючу сірку. Такою буде друга смерть.

В Біблії говориться, що всі неправдомовці відчують другу смерть. Тут неправдомовці означають будь-кого, хто говорить неправду ім'ям Бога. Це не лише фальшиві пророки, але також люди, які клянуться Божим ім'ям і порушують клятву, бо це можна порівняти з неправдою ім'ям Божим, а отже неправильним вживанням Його імення. У Книзі Левит 19:12 Бог говорить: *«І не будете присягати Моїм Іменем на неправду, бо зневажиш Ім'я Бога свого. Я ГОСПОДЬ!»*

Але є такі віруючі, які інколи говорять неправду, використовуючи Боже імення. Наприклад, вони можуть сказати: «Коли я молився, я почув голос Святого Духа. Я вірю, що то робив Бог», навіть якщо Бог не має жодного відношення до того. Або вони можуть помітити, як щось відбувається, і навіть якщо нічого невідомо, вони стверджуватимуть: «Це зробив Бог». Добре, якщо це зробив дійсно Бог, але виникне проблема, якщо насправді то не робота Святого Духа, а люди просто за звичкою скажуть, що це так.

Звичайно ми, Божі діти, повинні завжди прислухатися до голосу Святого Духа і отримувати Його керівництво. Але важливо знати: якщо ви – Боже дитя, яке отримало спасіння, це не означає, що ви завжди можете чути голос Святого Духа. В залежності від того, наскільки людина здатна звільнитися від гріхів і сповнитися істиною, вона набагато чіткіше зможе чути голос Святого Духа.

Якщо людина сповнена неправди і нестямно та напоказ називає плоди власної тілесної думки роботою Святого Духа, вона говорить неправду не лише іншим людям, але й самому Богові. Навіть якщо людина дійсно почула голос Святого Духа, вона повинна стримуватися доки на 100 відсотків не буде впевнена у тому, що то голос Святого Духа. Отже ми повинні утримуватися від нерозсудливого називання чогось роботою Святого Духа, а також слухати такі заяви з великою обережністю.

Те саме стосується снів, видінь та інших духовних явищ. Деякі сни дає Бог, але деякі сни можуть приснитися в результаті сильного бажання або занепокоєння. Деякі сни можуть навіть бути від сатани, тож ніхто не може стверджувати: «Цей сон від Бога», тому що то буде неправильним перед Богом.

Буває, що люди звинувачують Бога у тяжких випробуваннях і труднощах, які насправді спричинює сатана в результаті їхніх власних гріхів. А інколи люди бездумно називають щось Божим іменням за звичкою. Коли здається, що все відбувається так, як їм хочеться, люди говорять: «Бог благословив мене». Коли настають труднощі, вони говорять: «Бог зачинив двері для цього». Дехто може сповідати свою віру, але важливо знати, що існує велика різниця між щирою і зухвалою сповіддю.

У Книзі Приповістей 3:6 написано: *«Пізнавай ти Його на всіх дорогах своїх, і Він випростує твої стежки»*. Але це не означає, що ми повинні завжди називати все святим Божим ім'ям. Навпаки, людина, яка визнає Бога на всіх дорогах своїх, намагатиметься жити в істині завжди, а отже буде обережніше використовувати Боже імення. І коли людині треба буде вжити його, вона зробить це з вірою і розсудливістю.

Тому якщо ми не хочемо чинити гріх неправильного вживання Божого імення, ми повинні роздумувати над Божим словом день і ніч, бути пильними в молитві і сповненими Святого Духа. Таким чином ми зможемо чітко почути голос Святого Духа, жити праведно, відповідно до Його керівництва.

## Шануйте і славте Його

Бог точний і скрупульозний. Тож кожне Його слово в Біблії правдиве і істинне. Якщо подивитися, як Він звертається до віруючих, ви побачите, що Бог використовує саме ті, слова, які необхідні в даній ситуації. Наприклад, слова «брат» і «улюблений» мають зовсім інший настрій і значення. Інколи Бог звертається до людей так: «батьки», «юнаки», «дітоньки», використовуючи відповідні слова, які мають правильне визначення і відповідають мірі віри адресата (1 Послання до коринтян 1:10; 1 Послання Івана 2:12-13, 3:21-22).

Те саме стосується імен Святої Трійці. Ми бачимо цілий

ряд імен, яким називається Трійця: «ГОСПОДЬ Бог, Єгова, Бог-Отець, Месія, Господь Ісус, Ісус Христос, Ягня, Дух Господній, Дух Божий, Святий Дух, Дух святості, Дух» (Книга Буття 2:4; 1 Книга Хроніки 28:12; Книга Псалмів 104:30; Євангеліє від Івана 1:41; Послання до римлян 1:4).

Особливо у Новому Заповіті, перед тим як Ісус взяв Свій хрест, Його називають Ісусом, Учителем, Сином Людським, але після смерті і воскресіння Його називають Ісусом Христом, Господом Ісусом Христом, Ісусом Христом Назарянином (1 Послання до Тимофія 6:14; Книга Дії 3:6).

До розп'яття місія Ісуса-Спасителя ще не була виконана, тож Його називають «Ісусом», що означає «Той, Хто спасе Свій народ від гріхів» (Євангеліє від Матвія 1:21). Але після виконання місії Його називають «Христос», що означає «Спаситель».

Бог, Який не має гріха, також бажає, щоби ми не помилялися, правильно підбирали слова і чинили правильно. Тому коли ми вимовляємо святе ім'я Бога, ми повинні вживати його правильно. Тому Бог говорить у другій половині вірша 1 Книги Самуїлової 2:30: *«Бо Я шаную тих, хто шанує Мене, а ті, хто зневажає Мене, будуть зневажені!»*

Отже якщо ми дійсно поважаємо Бога від самого серця,

ми завжди будемо правильно вживати Його ім'я, і будемо завжди боятися Його. Я молюся про те, щоби ми завжди були насторожі у молитві, пильнували своє серце і всім своїм життям прославляли Бога.

# Розділ 5
Четверта Заповідь

— ✠ —

## «Пам'ятай день суботній, щоб святити його»

**Вихід 20:8-11**

«Пам'ятай день суботній, щоб святити його! Шість день працюй і роби всю працю свою, а день сьомий субота для Господа, Бога твого: не роби жодної праці ти й син твій, та дочка твоя, раб твій та невільниця твоя, і худоба твоя, і приходько твій, що в брамах твоїх. Бо шість день творив Господь небо та землю, море та все, що в них, а дня сьомого спочив тому поблагословив Господь день суботній і освятив його».

Якщо ви прийняли Христа і стали Божим дитям, ви повинні поклонятися Богові кожної неділі і віддавати десятину. Ваша десятина і пожертвування свідчать про вашу віру в те, що Бог має владу над усім фізичним і матеріальним. А коли ви святите день суботній, це являє вашу віру у Божу владу над усім духовним (Книга пророка Єзекіїля 20:11-12).

Якщо ви робите все з вірою, визнаючи духовний і фізичний авторитет Бога, Він захистить вас від нещасть, спокус і страждань. Ми будемо докладніше розглядати пожертвування десятини у розділі 8, а у цьому розділі ми докладно поговоримо про день суботній і як його святити.

## Чому днем суботнім стала неділя

День відпочинку, присвячений Богові, називається «суботнім». Це було так коли Бог-Творець створив всесвіт і чоловіка за шість днів, а на сьомий день спочив (Книга Буття 2:1-3). Бог поблагословив цей день і освятив його. Так само людина має відпочивати у цей день.

У часи Старого Заповіту священним днем відпочинку була субота. І навіть у наш час для юдеїв священним днем відпочинку є субота. Але оскільки ми живемо у час Нового Заповіту, для нас священним днем відпочинку стала неділя, і ми почали називати цей день «Днем Господнім». В Євангелії від Івана 1:17 написано: *«Закон бо через Мойсея був даний, а благодать та правда з'явилися через Ісуса Христа».* І в Євангелії від Матвія 12:8 написано: *«Бо Син Людський Господь і суботі!»* От що насправді відбулося.

Тоді чому священний день відпочинку змінився з суботи на неділю? Тому що єдиним днем, коли все людство може дійсно відпочити завдяки Ісусові Христу, є неділя.

Через непокори першого чоловіка, Адама, всі люди стали рабами гріха і не мали дійсного священного дня відпочинку. Чоловік міг лише в поті свойого лиця їсти хліб, і мати скорботу, хвороби і смерть. Тому Ісус прийшов у цей світ у плоті людини і був розіп'ятий на хресті, щоби заплатити за гріхи всього людства. Він помер і воскрес на третій день, подолавши смерть і ставши першим плодом відродження.

Тож Ісус вирішив проблему гріха і дав людству істинно священний день відпочинку, на світанку неділі, першого дня після суботи. Тому у часи Нового Заповіту неділя, день, коли Ісус Христос завершив шлях спасіння для всього людства, стала священним днем відпочинку.

## Ісус Христос – Господь суботі

Учні Господа також визначили неділю як священний день відпочинку, розуміючи його духовне значення. У Книзі Дії 20:7 написано: *«А дня першого в тижні, як учні зібралися на ламання хліба…»*. Також у 1 Посланні до коринтян 16:2 написано: *«А першого дня в тижні нехай кожен із вас відкладає собі та збирає, згідно з тим, як ведеться йому, щоб складок не робити тоді, аж коли я прийду»*.

Бог знав, що відбудеться заміна священного дня відпочинку, тож Він натякав про це у Старому Заповіті, коли сказав Мойсею: *«Промов до Ізраїлевих синів і скажеш їм: Коли ви ввійдете до того Краю, що Я даю вам, і будете жати жниво його, то снопа первоплоду ваших жнив принесете до священика, а він буде колихати снопа того перед лицем ГОСПОДНІМ, щоб набути вподобання вам; першого дня по святі священик буде колихати його. І ви прирядите в дні вашого колихання снопа однорічне безвадне ягня на цілопалення для ГОСПОДА»* (Книга Левит 23:10-12).

Бог говорив Ізраїльському народові, що коли вони увійдуть у ханаанський Край, вони повинні принести у жертву перше жниво у перший день після суботи, священного дня відпочинку. Перше жниво означає Господа, Який став першим плодом воскресіння. І однорічне безвадне ягня також символізує Ісуса Христа,

Божого Агнця.

Ці вірші показують, що у неділю, перший день після суботи, Ісус, Який став мирною жертвою і першим плодом воскресіння, дає воскресіння та істинний день священного відпочинку всім тим, хто вірить у Нього.

Тому неділя, день воскресіння Ісуса Христа, став днем істинної радості і подяки, коли зародилося нове життя і відкрився шлях до вічного життя, днем, коли дійсно відбувається священний відпочинок.

## «Пам'ятай день суботній, щоб святити його»

Отже чому Бог зробив суботу святим днем і чому Він наказує Своєму народові святити його?

Тому що, незважаючи на те, що ми живемо у плотському світі, Бог бажає, щоби ми пам'ятали про духовне. Він хотів бути впевненим, що наша надія полягає не лише у тлінних речах цього світу. Він хотів, щоби ми пам'ятали Господаря і Творця всесвіту і мали надію в істинній і вічній суботі Його Царства.

У Книзі Вихід 20:9-10 написано: *«Шість день працюй і роби всю працю свою, а день сьомий субота для*

ГОСПОДА, Бога твого: не роби жодної праці ти й син твій, та дочка твоя, раб твій та невільниця твоя, і худоба твоя, і приходько твій, що в брамах твоїх».  Це означає, що жоден не повинен працювати у священний день відпочинку. Тобто ви, ваші слуги, ваші тварини і гості у вашому домі.

Ось чому ортодоксальним юдеям не дозволяється готувати їжу, пересувати важкі речі або подорожувати на далекі відстані у суботу. Тому що всі ці дії вважаються роботою, а отже не узгоджуються з правилами суботи. Однак ці обмеження були придумані людьми і передавалися від старших наступним. Отже ці правила придумав не Бог.

Наприклад, коли юдеї шукали привід, щоби обвинуватити Ісуса, вони побачили сухорукого чоловіка і запитали в Ісуса: «Чи оздоровляти годиться в суботу?» Навіть вздоровлення хворої людини у суботу вони вважали «роботою», а отже незаконною дією.

На це Ісус відповів: *«Чи знайдеться між вами людина, яка, одну мавши вівцю, не піде по неї, і не врятує її, як вона впаде в яму в суботу? А скільки ж людина вартніша за тую овечку! Тому можна чинити добро й у суботу!»* (Євангеліє від Матвія 12:11-12).

Святити суботу, про що говорить Бог, це не просто утримуватися від будь-якої роботи. Коли невіруючі відпочивають від роботи і залишаються вдома або відпочивають активно, – це фізичний відпочинок від роботи. Це не вважається «суботою», бо не дає нам істинного життя. Ми повинні насамперед зрозуміти духовне значення «суботи», щоби нам святити її отримувати благословення, як задумав для нас Бог.

Бог бажає, щоби в цей день ми відпочивали не фізично, але духовно. У Книзі пророка Ісаї 58:13-14 дається пояснення щодо суботи. Люди не повинні робити того, що їм забажається, казати даремні слова і насолоджуватися радостями цього світу. Замість цього вони повинні святити цей день.

У суботу людина не повинна зв'язуватися з мирськими подіями, але іти до церкви, що є тілом Господнім, приймати хліб життя, Боже Слово, спілкуватися з Господом через молитву і прославлення, мати духовний відпочинок в Господі. Через спілкування віруючі повинні ділитися Божою благодаттю один з одним і підтримувати віру інших людей. Якщо ми таким чином відпочиваємо духовно, Бог укріпить нашу віру і дасть процвітання нашій душі.

Тож що саме треба робити, щоби святити день суботній?

По-перше, ми повинні мати бажання отримати благословення дня суботнього і приготуватися для того, щоби бути чистими посудинами.

День суботній – це день Божий, відділений і освячений, день радісний, бо ми можемо отримати благословення від Бога. У другій половині вірша Книги Вихід 20:11 написано: *«Тому поблагословив ГОСПОДЬ день суботній і освятив його»*, а у Книзі Ісаї 58:13 написано: *«І будеш звати суботу приємністю, днем Господнім святим та шанованим, і її пошануєш…»*

Навіть у наш час оскільки Ізраїльтяни святять суботу як священний день відпочинку, як у часи Старого Заповіту, вони починають заздалегідь готуватися до суботи. Вони готують страви, і якщо працювали далеко від дому, вони готуються поїхати додому не пізніше вечора п'ятниці.

Ми також повинні готувати свої серця до священного дня відпочинку заздалегідь. Кожного тижня ми повинні бути бадьорими у молитві до приходу неділі, намагатися завжди жити в істині, щоби не встановити жодних перешкод гріха між собою і Богом.

Отже святити суботу не означає віддавати Богові лише один день. Це значить весь тиждень жити відповідно до Божих наказів. І якщо протягом тижня ми зробили щось неприпустиме, ми повинні покаятися перед Богом і підготуватися до неділі, щоби наше серце було чистим.

І приходячи на богослужіння у неділю, ми повинні поставати перед Богом з вдячним, радісним серцем, повним сподівань, як наречена чекає на свого нареченого.

Маючи таке ставлення, ми можемо підготуватися фізично: прийняти ванну, сходити до перукаря, або у салон краси, щоби бути чистими і охайними.

У нас може виникнути бажання прибрати в домі. Також ми повинні заздалегідь приготувати охайний і чистий одяг, який одягнемо до церкви. Ми не повинні включатися у будь-які мирські справи з вечора суботи на неділю. Ми повинні утриматися від справ, які можуть заважати богослужінню у неділю. Ми також повинні намагатися оберігати свої серця від дратівливості, гніву або суму, щоби поклонятися Богові в дусі та істині.

Отже ми повинні чекати неділю зі зворушливістю і любов'ю у серці і готувати себе, щоби бути посудинами, гідними отримати Божу благодать. Таким чином, ми зможемо відчути духовну суботу в Господі.

По-друге, ми повинні посвятити неділю повністю для Бога.

Навіть серед віруючих існують такі, які присвячують Богові лише одне ранкове богослужіння у неділю але пропускають вечірнє богослужіння. Вони або відпочивають, або розважаються, або займаються іншими справами. Якщо ми дійсно хочемо святити день суботній, маючи при цьому страх Божий у серці, ми повинні святити весь день повністю. Ми пропускаємо вечірні богослужіння через безліч причин, тому що дозволяємо нашому серцю робити те, що бажає наше тіло, тому ми займаємося земними справами.

З таким ставленням дуже легко мати якісь інші думки під час ранкового богослужіння. І незважаючи на те, що ми прийшли до церкви, ми не зможемо поклонятися Богові належним чином. Під час богослужіння ми можемо думати про будь-що, наприклад: «Одразу після богослужіння я піду додому і відпочину», або «Я радий буду зустрітися зі своїми друзями після богослужіння», або «Треба поспішати, щоби відкрити магазин одразу після богослужіння». Наш розум буде сповнений різними думками, і ми не зможемо зосередитися на Слові. Ми навіть можемо відчути сонливість і втому під час богослужіння.

Звичайно, нові віруючі, оскільки їхня віра молода, можуть легко відвернути увагу, або заснути, якщо вони фізично дуже втомилися. Оскільки Бог знає міру віри кожної людини і дивиться у середину серця кожної людини, він буде милосердним до них. Але якщо людина, чия міра віри має бути значною, постійно відвертає свою увагу і засинає під час богослужіння, така людина просто не поважає Бога.

Святити день суботній не означає просто фізично

знаходитися у церкві у неділю. Це означає зосередити всю свою увагу на Господі. Лише якщо ми поклоняємося Богові належним чином всю неділю в дусі та істині, Він з радістю прийме приємний аромат наших сердець на богослужінні.

Для того, щоби святити день суботній, важливо те, як ви проводите свій час поза богослужінням у неділю. Ми не повинні думати так: «Оскільки я був на богослужінні, я виконав те, що було потрібно». Після богослужіння необхідно спілкуватися з іншими віруючими і служити Божому Царству, прибираючи приміщення, чи спрямовувати рух транспорту на церковній стоянці, або виконувати будь-яку іншу добровільну роботу в церкві.

У кінці дня, коли ми ідемо додому відпочивати, ми повинні утриматися від розваг, які б принесли вам задоволення. Замість цього ми повинні роздумувати над Словом, яке почули сьогодні, або поговорити з рідними про Божу милість та істину. Було би добре не вмикати телевізор, але якщо раптом ви увімкнули його, то не дивитися такі передачі, які можуть спонукати нашу похіть або підштовхують шукати земних задоволень. Замість цього можна подивитися корисні, пристойні передачі, які краще за все засновані на вірі.

Якщо ми показуємо Богові, що намагаємося догодити Йому навіть у малому, Бог, Який бачить серце кожної людини, з радістю прийме наше поклоніння, сповнить нас повнотою Святого Духа і благословить, щоби ми добре відпочили.

По-третє, ми не повинні виконувати земну роботу.

Неемія, намісник Ізраїльського народу під час правління Артаксеркса, царя перського, розуміючи Божу волю, не лише відбудував стіни міста Єрусалим, а також зробив так, щоби народ святив день суботній.
Тому він заборонив працювати та продавати у суботу. Він навіть вигнав людей, які спали під стінами міста, очікуючи коли вони зможуть вести справи у наступний після суботи день.

У Книзі Неемії 13:17-18, Неемія попереджає свій народ: *«І докоряв я Юдиним шляхетним та й сказав їм: Що це за річ, яку ви робите, і безчестите суботній день? Чи ж не так робили ваші батьки, а наш Бог спровадив усе це зло на нас та на це місто?»* Неемія тут говорить, що ведення справ у день суботній порушує суботу і викликає Божий гнів.

Люди, які порушують суботу, не визнають владу Бога і не вірять в Його обітницю благословити тих, хто святить день суботній. Тому справедливий Бог не може їх захистити, і на таких людей неодмінно очікують нещастя.

Бог наказує те саме для нас сьогодні. Він наказує нам працювати протягом шести днів, а потім відпочивати на сьомий день. І якщо ми будемо пам'ятати день суботній і святити його, тоді Бог не лише дасть нам достатньо прибутку, який ми могли би отримати у сьомий день, але й благословить нас так, що наші «скарбниці» будуть переповнені.

Якщо подивитися на 16 главу Книги Вихід, ви побачите, що коли Бог давав Ізраїльському народові манну і перепелиць кожного дня, на шостий день Він дав подвійну порцію для наступного дня, щоби вони могли приготуватися до суботи. Серед Ізраїльтян були деякі люди, які через егоїзм, вийшли збирати манну у суботу, але повернулися з порожніми руками.

Такий самий духовний закон застосовується до нас сьогодні. Якщо Боже дитя не святить день суботній і вирішує працювати у цей день, така людина може отримати короткострокову вигоду, але у подальшому тривалий час відчуватиме втрати.

Правда у тому, що навіть якщо здається, що ви заробляєте, але не знаходитеся під захистом Бога, ви неодмінно зазнаєте непередбачувані ускладнення. Наприклад, ви можете потрапити в аварію, або захворіти тощо. Зрештою ви втратите більше, ніж заробите.

І навпаки, якщо ви пам'ятатимете день суботній і святитимете його, Бог охоронятиме вас весь тиждень і приведе до процвітання. Святий Дух захищатиме вас вогняними стовпами і зберігатиме вас від хвороби. Він благословить вас і ваш бізнес, вашу роботу і все, що ви робите.

Тому Бог зробив цю заповідь однією із Десяти Заповідей. Він навіть встановив суворе покарання, забивати до смерті камінням тих людей, яких було помічено за роботою у день суботній, щоби Його народ не забував про важливість суботи і не прямував дорогою, яка веде до вічної смерті (Книга Числа, глава 15).

Відколи я прийняв Христа у своє серце, я упевнився в тому, щоби пам'ятати суботу і святити її. Перед тим як я започаткував нашу церкву, я тримав книжковий магазин. По неділях багато людей приходили у магазин, щоби взяти або повернути книжки. І кожного разу я говорив: «Сьогодні День Господній, отже магазин зачинено». Я не працював у той день. В результаті, замість втрат я відчув як Бог насправді вилив так багато благословень на шість робочих днів, що ми більше ніколи навіть не думали працювати у неділю.

## Коли дозволяється працювати у священний день відпочинку

В Біблії ми можемо дізнатися про випадки, коли праця

у суботу допускалася. Це випадки, коли робота необхідна для виконання роботи для Господа або для добрих справ, як, наприклад, спасіння життя людей.

В Євангелії від Матвія 12:5-8 написано: *«Або ви не читали в Законі що в суботу священики порушують суботу у храмі, і невинні вони? А Я вам кажу, що тут Більший, як храм! Коли б знали ви, що то є: Милости хочу, а не жертви, то ви не судили б невинних... Бо Син Людський Господь і суботі!»*

Коли священики різали жертовних тварин для жертви цілопалення у суботу, це не вважалося роботою. Отже будь-яка робота, яка виконується для Господа у День Господній, не вважається порушенням суботи, оскільки Він – Господь суботі.

Наприклад, якщо церква хоче пригостити хор і вчителів обідом, за те що вони працювали у церкві цілий день, але у церкві немає кафетерію або належного обладнання, тоді дозволяється, щоби церква купила продукти для них в іншому місці. Тому що Господь суботи – Ісус Христос, і купувати продукти у цьому випадку означає виконувати Господню роботу. Звичайно, було би краще, якби страви були приготовані у церкві.

Коли у неділю в церкві відкриті книжкові магазини,

це не вважається зневажанням суботи, тому що книги та інші товари, які продаються у церковній лавці не вважаються земними речами, але дають життя віруючим в Господа. Це можуть бути Біблії, збірки гімнів, записи проповідей та інші церковні товари. Також дозволено працювати торговельним автоматам та їдальні в церкві, бо вони допомагають віруючим у церкві у священний день відпочинку. Дохід з продажу використовується для підтримки місіонерської роботи і роботи добровільних організацій, отже він відрізняється від доходу з продажу мирської продукції поза межами церкви.

Бог не вважає деяку роботу у суботу порушенням суботи, як наприклад служба в армії, в поліції, робота у лікарні, тощо. Є така робота, виконуючи яку, люди захищають і рятують життя, а також роблять добрі справи. Однак навіть якщо ви підпадаєте під цю категорію, ви повинні намагатися зосередитися на Бозі навіть якщо ви можете це зробити лише у своєму серці. Ваше серце повинно з готовністю звернутися до вашого начальника змінити вихідний день, якщо можливо, щоби святити день суботній.

А як що до віруючих, які проводять весільні церемонії у неділю? Якщо вони стверджують, що вірять в Бога, але проводять весільну церемонію у День Господній, це говорить про те, що їхня віра дуже молода. Але якщо вони вирішили провести весілля у неділю, але жоден із членів церкви не прийде на весілля, вони можуть образитися і спіткнутися на своєму шляху віри. Тож у такому випадку члени церкви можуть бути присутніми на церемонії весілля після богослужіння у неділю.

Це потрібно для того, щоби проявити увагу до тих, хто одружується, щоби уникнути образ, а також, щоби молоді не спіткнулися у своєму житті віри. Однак після церемонії вам не слід залишатися на вечірці, яка призначена для того, щоби гості веселилися.

Окрім цих випадків може бути набагато більше запитань про день суботній. Але відколи ви почали розуміти Боже серце, ви можете легко знайти відповідь на ці питання. Коли ви позбудетеся всього зла із вашого серця, тоді ви зможете поклонятися Богові всім своїм серцем. Ви можете діяти від щирої любові до інших сердець замість того, щоби осуджувати їх, засновуючись на правилах та положеннях, створених людьми, як то робили садукеї та фарисеї. Ви можете насолоджуватися істинною суботою в Господі, не зневажаючи День Господній. Тоді ви дізнаєтеся про Божу волю в усіх обставинах. Ви будете знати, що робити, через ведіння Святого Духу. І завжди зможете радіти свободі, живучи в істині.

Бог – це любов, тож якщо Його діти виконують Його заповіді і чинять те, що догоджає Йому, Він дасть їм все, чого б вони не попросили (1 Послання Івана 3:21-22). Він не лише виллє на нас Свою благодать, але також благословить нас, щоби ми були багатими і успішними в усіх сферах життя. Наприкінці нашого життя Він відведе нас у найкращу небесну оселю.

Він приготував для нас небеса, щоби там, розділяючи любов як наречена і наречений, ми вічно ділилися любов'ю і щастям з нашим Господом. Це істинна субота, яку Бог приготував для нас. Отже я молюся про те, щоби ваша віра дійшла зрілості і зростала щодня, якщо ви пам'ятатимете день суботній і святитимете його.

# Розділ 6
П'ята Заповідь

«Шануй свого батька
та матір свою»

**Вихід 20:12**

«Шануй свого батька та матір свою, щоб довгі були твої дні на землі, яку ГОСПОДЬ, Бог твій, дає тобі!»

Однієї морозної зими, коли вулиці Кореї були переповнені біженцями, які страждали від спустошення внаслідок Корейської війни, одна жінка мала скоро народити. Вона ще мала пройти багато миль, але оскільки перейми посилилися і стали частішими, вона обережно залізла під занедбаний місток. Лежачи на холодній, промерзлій землі, вона терпіла біль пологів на самоті і народила малесеньке немовля. Мати прикрила скривавлене тіло дитини власним одягом і тримала його біля грудей.

Через деякий час американський солдат, який проходив повз містка, почув крик дитини. Чоловік підійшов ближче, заліз під міст і знайшов мертве, замерзле тіло жінки, що лежала без одягу, зігнувшись над дитиною, замотаною в одяг. Саме як ця жінка, батьки люблять своїх дітей до такої міри, що здатні легко і самовіддано пожертвувати своїм життям заради них. Тож наскільки більшою є безумовна любов Бога до нас!

## «Шануй свого батька та матір свою»

«Шанувати свого батька та матір» означає коритися волі своїх батьків і служити їм зі щирою повагою і ввічливістю. Наші батьки народили і виростили нас. Якби не було їх, тоді б не було і нас. Тож навіть якби Бог не зробив цю заповідь однією із десяти, люди, які мають добре серце, шанували б своїх батьків.

Бог дав нам заповідь: «Шануй свого батька та матір свою». У Посланні до ефесян 6:1 Він говорить: *«Діти, – слухайтеся своїх батьків у Господі, бо це справедливе!»* Він бажає, щоби ми шанували своїх батьків відповідно до Його слова. Якщо ви колись не послухались Божого слова, щоби догодити своїм батькам, то насправді це не може називатися шануванням батьків.

Наприклад, якщо ви збираєтеся до церкви у неділю, а ваші батьки говорять: «Не ходи сьогодні до церкви. Побудь із родиною», то що ви робитимете? Якщо ви послухаєтеся своїх батьків, щоби догодити їм, це не буде повагою до них. Це – порушення суботи, що веде до вічної темряви особисто вас, а також ваших батьків.

Навіть якщо ви слухаєтеся своїх батьків і добре з ними поводитеся, оскільки з духовної точки зору ваші дії призведуть до вічного пекла, чи можете ви сказати, що дійсно любите своїх батьків? Спершу ви повинні діяти відповідно до Божої волі, а потім спробувати зворушити серце своїх батьків, щоби ви разом з ними могли потрапити на небеса. Так ви дійсно шануватимете їх.

У 2 Книзі Хронік 15:16 написано: *«І навіть Мааху, матір царя Аси, й її він позбавив права бути царицею, бо вона зробила була ідола Астарти. І Аса порубав боввана її, і розтер, і спалив у долині Кедрон».*

Якщо цариця одного народу поклоняється ідолам, вона буде ворожою до Бога і отримає вічне засудження. Вона також ставить під загрозу своїх підлеглих, змушуючи їх поклонятися ідолам, так що вони разом із нею підпадуть під такий самий вічний осуд. Тому незважаючи на те, що Мааха була матір'ю царя Аси, він не намагався догодити їй, слухаючись її в усьому, але навпаки, він позбавив її права бути царицею, щоби вона покаялася перед Богом за свій гріх, а також щоби народ пробудився і зробив те саме.

Але те, що цар Аса позбавив влади свою матір, скинувши її з царського трону, не означає, що він перестав виконувати синівські обов'язки. Аса любив її душу, і продовжував поважати і шанувати її як свою матір.

Щоби промовити: «Я дійсно шанував своїх батьків», ми повинні допомогти своїм невіруючим батьками отримати спасіння і потрапити на небеса. Якщо наші батьки вірять в Бога, ми повинні допомогти їм потрапити до найкращої небесної оселі. У той же час ми також повинні намагатися служити і догоджати їм як тільки можемо в Божій істині, живучи тут, на землі.

## Бог – Отець наших душ

Заповідь «Шануй свого батька та матір свою» зрештою означає те саме, що й «Слухайся Божих заповідей і шануй Його». Якщо людина дійсно щиро шанує Бога, вона також шануватиме своїх батьків. І так само, якщо людина дійсно добре поводиться зі своїми батьками, вона буде щиро служити Богові. Але потрібно пам'ятати про те, що в пріоритеті повинен бути Бог.

Наприклад, у багатьох культурах якщо батько скаже своєму синові: «Піди на схід», син послухається і піде на схід. Але якщо у той же час дідусь накаже: «Не ходи на схід, іди на захід», тоді син повинен сказати своєму батькові: «Дідусь наказав мені іти на захід», і вирушити на захід.

Якщо батько дійсно шанує власного батька, він не розсердиться, що його син послухався дідуся, а не його. Послух старшим відповідно до старшинства поколінь також стосується наших взаємин з Богом.

Бог створив і дав життя нашому батькові, дідусеві та всім нашим предкам. Людина зароджується під час злиття сперматозоїда з яйцеклітиною. Але саме Бог дає людині основне сім'я життя.

Наші видимі тіла – це не що інше як тимчасовий намет, який ми використовуємо недовго, лише для життя на землі. Бог, істинний господар кожного з нас, – це дух, який живе в нас. Незалежно від рівня обізнаності людства, ніхто не може клонувати дух людини. І незважаючи на те, що людина здатна клонувати людські клітини і створити форму людини, доки Бог не дасть духа, ми не можемо вважати це тіло людиною.

Отже Бог – істинний Батько нашої душі. Знаючи про це, ми повинні зробити все можливе, щоби шанувати своїх батьків і добре з ними поводитися. Але ще більше ми повинні любити, шанувати Бога і служити Йому, тому що Він – Творець всього життя.

Тож батьки, які розуміють це, ніколи не подумають: «Я народив свою дитину, тож я можу робити з нею все що завгодно». У Книзі Псалмів 127:3 написано: *«Діти – спадщина ГОСПОДНЯ, плід утроби – нагорода!»* Батьки, які вірять в Бога, вважатимуть свою дитину безцінною душею, даною їм Богом, яку треба виховувати відповідно до Божої, а не до власної волі.

## Як шанувати Бога, Отця наших душ

Тож що ми маємо робити, щоби шанувати Бога, Отця наших душ?

Якщо ви дійсно шануєте своїх батьків, ви повинні слухатися їх і намагатися приносити радість і спокій у їхні серця. Таким же чином, якщо ви дійсно бажаєте шанувати

Бога, ви повинні любити Його і виконувати Його заповіді.

У 1 Посланні Івана 5:3 написано: *«Бо то любов Божа, щоб ми додержували Його заповіді, Його ж заповіді не тяжкі»*. Якщо ви дійсно любите Бога, тоді ви повинні коритися Його заповідям з радістю.

Божі заповіді записані для нас у шістдесяти шести книгах Біблії. А саме у таких словах: «Любіть, прощайте, примиряйтеся, служіть, моліться» та інших, де Бог говорить нам щось робити, а також є такі слова: «Не майте ненависті, не обвинувачуйте, не будьте гордими» та інші, коли Бог нам говорить щось не робити. Також є слова: «Позбудьтесь навіть найменшого гріха», коли Бог наказує нам позбавитися чогось у своєму житті, а також слова: «Святіть день суботній», коли Бог наказує нам виконувати щось.

Лише якщо ми діємо відповідно заповідям, які записані в Біблії, і стаємо приємним ароматом для Бога як християни, ми можемо сказати, що дійсно шануємо Бога-Отця.

Легко помітити, що люди, які люблять і шанують Бога, люблять і шанують своїх батьків. Тому що в Божих заповідях говориться про шанування батьків і любов до братів.

Чи можете ви якимось чином любити Бога і служити Йому у церкві, а вдома зневажати своїх батьків? Чи ви можете бути скромними та доброзичливими зі своїми братами та сестрами у церкві, але інколи грубими зі своїми домашніми? Чи противитеся ви своїм старим батькам у розмові, розчаровуючи їх, говорячи, що їхні слова нерозумні?

Звичайно, бувають моменти, коли ваші погляди відрізняються через різницю у віці, в освіті або культурі. Однак ми завжди повинні намагатися поважати і шанувати погляди своїх батьків. І хоча правда може бути на нашій стороні, якщо погляди батьків не суперечать Біблії, ми повинні з ними погоджуватися.

Ми ніколи не повинні забувати шанувати своїх батьків, розуміючи, що ми змогли прожити до цього моменту і досягти зрілості завдяки їхньої любові і пожертви до нас. Дехто може подумати, що його батьки ніколи не робили для нього нічого. Тож таким людям важко шанувати своїх батьків. Однак, незважаючи на те, що деякі батьки не були вірними і не виконували своїх батьківських обов'язків, ми повинні пам'ятати, що шанування батьків, які народили нас, – це основа людської ввічливості.

## Якщо ви любите Бога, шануйте своїх батьків

Любов до Бога і шанування батьків невідривні одне

від одного. У 1 Посланні Івана 4:20 написано: *«Як хто скаже: Я Бога люблю, та ненавидить брата свого, той неправдомовець. Бо хто не любить брата свого, якого бачить, як може він Бога любити, Якого не бачить?»*

Якщо хтось заявляє, що любить Бога, але не любить своїх батьків і не живе у мирі зі своїми братами і сестрами, тоді така людина лицемірна і брехлива. Тому у 15 главі Євангелія від Матвія, віршах 4-9 ми бачимо, як Ісус лає книжників і фарисеїв. Відповідно до традицій старших, оскільки вони приносили жертви Богові, їм вже не треба було турбуватися про своїх батьків.

Якщо хтось говорить, що не може нічого дати своїм батькам, бо він має віддавати Богові, це не лише порушує Божу заповідь про шанування батьків, але оскільки та особа використовує Бога для виправдання, ясно, що це походить від лихого серця, бо така людина бажає забрати те, що по праву належить батькам, щоби задовольнити себе. Людина, яка дійсно любить і шанує Бога, так само любитиме і шануватиме своїх батьків.

Наприклад, якщо людина, якій було важко любити своїх батьків, починає все більше розуміти Бога, вона краще розумітиме любов своїх батьків. Чим більше ви пізнаєте істину, позбуваєтеся гріхів і живете у відповідності до Божого слова, тим більше ваше серце буде сповнюватися істинною любов'ю, і тим більше ви зможете любити своїх батьків.

## Благословення, які ви отримуєте, виконуючи п'яту заповідь

Бог дав обітницю тим, хто любить Його і шанує своїх батьків. У Книзі Вихід 20:12 написано: *«Шануй свого батька та матір свою, щоб довгі були твої дні на землі, яку ГОСПОДЬ, Бог твій, дає тобі!»*

Цей вірш не просто означає, що ви будете довго жити, якщо шануватимете своїх батьків. Він означає, що оскільки ви шануєте Бога і своїх батьків, перебуваючи в Його істині, Він відповідно благословить вас багатством і охоронятиме в усіх сферах вашого життя. «Довгі дні» означають те, що Бог благословить вас і охоронятиме вашу сім'ю, роботу або власну справу від раптових нещасть, так щоби ваше життя було довгим і успішним.

Саме таке благословення отримала Рут, жінка, про яку розповідається у Старому Заповіті. Рут була язичницею із моавського краю. Зваживши на її обставини, можна сказати, що її життя було складним. Вона вийшла заміж за юдея, який прийшов з Ізраїлю, щоби врятуватися від голоду. Але скоро він помер, залишивши її саму, без дітей.

Її свекор також помер, і в домі не залишилося жодного

чоловіка, який би підтримував сім'ю. Із рідних залишилися свекруха Ноомі і зовиця Орпа. Коли свекруха Ноомі захотіла повернутися до Юдиного краю, Рут одразу вирішила піти разом з нею.

Ноомі намагалася вмовити свою молодшу невістку залишитися і спробувати розпочати нове, щасливіше, життя, але Рут відмовилася. Рут бажала турбуватися про свою овдовілу свекруху до кінця життя, тож вона пішла з нею до Юдиного краю, який був для неї абсолютно чужим. Оскільки Рут любила свою свекруху, вона хотіла виконувати всі обов'язки невістки. Вона бажала робити все можливе, піклуючись про Ноомі. Задля цього вона навіть відмовилася від можливості змінити своє життя на краще.

Також Рут через свою свекруху повірила в Бога народу Ізраїлевого. У Книзі Рут 1:16-17 ми можемо прочитати її зворушливе визнання:

> *А Рут відказала: Не силуй мене, щоб я покинула тебе, щоб я вернулася від тебе, бо куди підеш ти, туди піду й я, а де житимеш ти, там житиму й я. Народ твій буде мій народ, а Бог твій мій Бог. Де помреш ти, там помру й я, і там буду похована. Нехай Господь зробить мені так, і так нехай додасть, і тільки смерть розлучить мене з тобою.*

Коли Бог почув це визнання, Він благословив Рут і зробив її щасливою, незважаючи на те, що вона була язичницею. Згідно з юдейськими звичаями жінка могла вдруге вийти заміж за родича померлого чоловіка. Тож жінка могла почати нове щасливе життя з добрим чоловіком і прожити решту свого життя зі своєю свекрухою, яку вона любила.

Крім того, у родоводі Рут є цар Давид, тож Рут також отримала своє місце в родоводі Ісуса Христа, нашого Спасителя. Як обіцяв Бог, оскільки Рут шанувала своїх батьків, маючи до них Божу любов, вона отримала численні фізичні і духовні благословення.

Так як і Рут, ми повинні спершу любити Бога, шанувати своїх батьків, проявляючи до них Божу любов, і таким чином отримувати всі обіцяні благословення, що передані для нас у словах Бога: «Щоб довгі були твої дні на землі».

# Розділ 7

Шоста Заповідь

— ❧❧ —

## «Не вбивай!»

**Вихід 20:13**

*«Не вбивай!»*

Як пастор я взаємодію з багатьма членами церкви. Крім богослужіння я зустрічаюся з ними, коли вони приходять, щоби за них помолилися, поділитися свідоцтвом, або потребують духовного підбадьорювання. Щоби допомогти їм ставати сильнішими у вірі, я часто запитую: «Ви любите Бога?»

«Так, я люблю Бога», – з упевненістю відповість більшість людей. Але часто вони не розуміють справжнього духовного значення любові до Бога. Тож я зачитую їм вірш: *«Бо то любов Божа, щоб ми додержували Його заповіді, Його ж заповіді не тяжкі»* (1 Івана 5:3) і пояснюю духовне значення любові до Бога. Тоді, коли я знову задаю те саме питання, більшість людей вдруге відповідають з меншою впевненістю.

Дуже важливо розуміти духовне значення Божих слів. Те саме стосується Десяти Заповідей. Отже яке духовне значення має шоста заповідь?

## «Не вбивай!»

Якщо прочитати четверту главу Книги Буття, ми дізнаємося про перший випадок вбивства. Каїн, син Адама, вбив свого молодшого брата Авеля. Чому відбуваються такі речі?

Авель приніс Богові жертву, яка догодила Йому. Каїн приніс жертву Богові так, як він вважав правильним і зручним для себе. Коли Бог не прийняв жертву Каїна, замість того, щоби дізнатися, що він зробив неправильно, Каїн почав заздрити своєму братові, розгнівався і образився.

Бог знав серце Каїна, і декілька разів Він попереджав його. Він говорив: *«І до тебе його [гріха] пожадання, а ти мусиш над ним панувати»* (Буття 4:7). Але як написано у Книзі Буття 4:8: *«І говорив Каїн до Авеля, брата свого. І сталось, як були вони в полі, повстав Каїн на Авеля, брата свого, і вбив його»*. Каїн не міг контролювати свій гнів, що призвело до страшного гріха.

Зі слів «як були вони в полі», ми можемо здогадатися, що Каїн чекав моменту, коли зостанеться наодинці зі своїм братом. Це означає, що Каїн задумав у своєму серці вбити свого брата і чекав гарної нагоди. Вбивство було не випадковим. Воно сталося в результаті неконтрольованого гніву, який в одну мить перетворився на дію. Ось що робить вбивство, яке вчинив Каїн, великим гріхом.

Після того випадку у світі відбулося багато інших випадків вбивства людей. І у наш час через те, що світ сповнений гріха, кожного дня відбуваються численні вбивства. Середній вік злочинців зменшується, а види злочину стають жорстокішими. І найстрашніше те, що у наш час випадки вбивства батьками своїх дітей і батьків їхніми дітьми, вже не мають такого приголомшливого враження.

## Фізичне вбивство: забрати життя іншої людини

За законом відрізняють два види вбивства: першого ступеня, навмисне вбивство, і другого ступеня, ненавмисне вбивство. Вбивство зі злочинним наміром, або через матеріальну вигоду, випадкове вбивство через необачне керування, – все це види вбивства. Однак тяжкість гріха для кожного випадку різна в залежності від ситуації. Деякі вбивства не вважаються гріхом, такі як пролиття крові на полі бою, або вбивство у цілях самооборони.

В Біблії написано, що якщо людина вб'є злодія, який вночі вліз у вашу хату, це не вважається вбивством, але якщо людина вб'є злодія, який вліз у вашу хату вдень, це вважається надмірною самообороною і карається законом. Тому що декілька тисяч років тому, у часи, коли Бог дав Свій закон, люди могли легко наздогнати і спіймати злодія за допомогою інших людей.

У такому випадку Бог вважав надмірну самооборону, яка призвела до пролиття крові, гріхом. Тому що Бог забороняє зневажати права людини і ображати гідність іншої особи. У цьому проявляється Божа любов і справедливість (Книга Вихід 22:2-3).

## Самогубство і аборт

Окрім видів вбивств, розглянутих вище, існують також випадки «самогубства». «Самогубство» вважається «вбивством» з точки зору Бога. Бог має верховну владу над життям усіх людей, а самогубство вважається запереченням цієї влади. Тому самогубство – це великий гріх.

Але люди чинять цей гріх, бо не вірять у життя після смерті, або не вірять в Бога. Тож разом із гріхом невіри в Бога такі люди чинять гріх вбивства. Тож уявіть, який суд очікує таких людей!

У наш час з ростом числа користувачів Інтернету нерідкими бувають випадки, коли через мережу людей спокушають вчинити самогубство. В Кореї перше місце серед причин смерті людей віком до п'ятдесяти років займає рак, на другому місці – самогубство. Це стало серйозною соціальною проблемою. Люди мають розуміти той факт, що вони не мають влади переривати власне життя. І те, що вони завершили своє життя на землі, не означає, що проблема вирішилася.

А що ви думаєте про аборти? Правда в тому, що життя дитини у лоні матері знаходиться під верховною владою Бога, тож аборт також підпадає під категорію вбивства. Сьогодні, у час, коли гріх управляє життям людей, батьки позбавляються своїх дітей, навіть не вважаючи це гріхом. Вбивство іншої людини – само по собі страшний гріх, але якщо батьки позбавляють життя власну дитину, наскільки більшим є такий гріх!

Фізичне вбивство – це гріх. Тож у багатьох країнах існують дуже суворі закони щодо вбивства. Це також є смертельним гріхом перед Богом, тож ворог-диявол може спричинити всі можливі нещастя і біди тим, хто чинить вбивство. І це ще не все. Після смерті їх також очікує суворий суд, тож нікому не дозволено чинити гріх вбивства.

### Духовне вбивство, яке шкодить душі і духу

Бог розцінює фізичне вбивство як страшний гріх, але Він також вважає духовне вбивство, по суті таким же жахливим, як смертний гріх. Тоді що таке духовне вбивство?

По-перше, духовне вбивство, це таке, коли людина чинить щось поза межами Божої істини, словами або діями, що призводить до того, що інша людина спотикається у вірі.

Змусити іншу людину спіткнутися, означає зашкодити їй духовно, змусивши її відійти від Божої істини.

Припустимо, людина, яка молода у вірі, прийшла порадитися до одного з лідерів церкви і запитала: «Чи можна пропустити богослужіння у неділю заради дуже важливої особистої справи?» Якщо служитель порадить так: «Якщо це дуже важлива справа, я думаю, що ви можете пропустити богослужіння», тоді цей лідер змусить молодого віруючого спіткнутися.

Або, припустимо, скарбничий церкви запитає: «Чи можу я позичити церковні гроші для власної потреби? Я віддам їх через пару днів». Якщо лідер відповість: «Якщо ти скоро повернеш борг, можеш взяти», тоді він учить тому, що суперечить Божій волі, отже він шкодить духові людини, яка вірить в Бога.

Або якщо лідер малої групи говорить: «Ми живемо у такому шаленому ритмі. Чи можливо нам збиратися частіше?», і вчить своїх друзів-віруючих не ставитися серйозно до церковних зборів, тоді він учить проти Божої істини, а отже змушує своїх друзів спотикатися (Послання до євреїв 10:25). Як написано: *Залишіть ви їх: це сліпі поводатарі для сліпих. А коли сліпий водить сліпого, обоє до ями впадуть...»* (Євангеліє від Матвія 15:14).

Отже, якщо хтось навчає неправильно інших людей і змушує їх спотикатися, відходячи від Божої істини, той чинить духовне вбивство. Якщо хтось дає віруючій людині неправдиву інформацію, це може призвести до нещастя тих людей нізащо. Тому церковні лідери, які навчають інших віруючих, повинні щиро молитися і давати правильну інформацію, або вони повинні звернутися з важким запитанням до іншого лідера, який має чітку відповідь від Бога, і скерує віруючих у вірному напрямку.

Крім того, жоден не повинен говорити поганих слів, які підпадають під категорію духовного вбивства. Слова, які осуджують або звинувачують інших, створення синагоги сатани, передавання пліток, або створення ворожнечі між людьми, – це приклади спонукання людей до ненависті або лихих вчинків.

Гіршим є те, коли люди розповсюджують плітки про Божого служителя, про пастора або про церкву. Ці плітки можуть змусити багатьох спотикнутися, і тому люди, які розповсюджують плітки, постануть перед Божим судом.

У деякий випадках ми бачимо як люди шкодять власному духові через гріх, який вони мають у серці. Прикладами таких людей є юдеї, які намагалися вбити Ісуса, незважаючи на те, що він чинив істину, або Юда

Іскаріотський, який зрадив Ісуса, продавши його юдеям за тридцять срібних монет.

Якщо якась людина спотикається, побачивши недоліки іншої людини, вона повинна пам'ятати, що також має гріхи. Інколи люди дивляться на нового християнина, який ще повністю не позбувся своїх гріхів, і говорять: «І він називає себе християнином? Через таку людину я не хочу ходити до церкви». У такому випадку люди спотикаються через самих себе. Їм ніхто нічого не робив, вони самі шкодять собі через власні гріхи і серце, що осуджує.

Бувають випадки, коли люди відходять від Бога, розчарувавшись у людині, яку вони вважали сильним християнином, стверджуючи, що вона вчинила неправильно. Якщо вони зосереджені на Бозі та на Ісусі Христі, вони не спіткнуться та не зійдуть зі шляху спасіння.

Наприклад, буває так, що люди стають поручителями для тієї людини, якій вони дійсно довіряють і яку поважають, але якщо справи підуть не так як хотілося, поручитель повинен буде нести відповідальність. Багатьох людей такі випадки розчаровують і ображають. Коли таке відбувається, вони повинні розуміти, що ситуація лише підтверджує те, що їхня віра була несправжньою, і вони повинні покаятися за непокору. Саме вони не послухалися Бога, коли Він наказав нам не ставати поручителями за борги інших людей (Книга Приповістей 22:26).

І якщо ви дійсно маєте добре серце, якщо ваша віра істинна, помітивши гріх іншої людини, ви повинні молитися за неї зі співчуттям і чекати від неї зміни.

Крім того, деякі люди можуть бути каменем спотикання самі для себе, образившись, слухаючи Боже послання. Якщо, наприклад, пастор у своїй проповіді говорить про якийсь гріх, але навіть не згадує про якихось конкретних осіб, такі люди можуть подумати: «Пастор говорить про мене! Як він може таке говорити вголос всій аудиторії?» Потім такі люди перестають ходити до церкви.

Або коли пастор говорить, що десятина належить Богові, і що Бог благословляє тих, хто віддає десятину, деякі люди нарікають на те, що в церкві надто велике значення надається грошам. А коли пастор свідчить про Божу силу і Його дива, дехто говорить: «Я цього не розумію», і продовжує нарікати на те, що проповіді не співпадають з їхніми знаннями та вихованням. Все це приклади образи людей самих на себе, коли вони самі для себе створюють камені спотикання у своєму серці.

В Євангелії від Матвія 11:6 Ісус сказав: *«І блаженний, хто через Мене спокуси не матиме!»* А в Євангелії від Івана 11:10 Він сказав: *«А хто ходить нічної пори, той спіткнеться, бо немає в нім світла».* Якщо людина має добре серце і щиро бажає дізнатися істину, вона не спіткнеться і не відпаде від Бога, тому з ним буде Його слово, яке є світло. Якщо хтось спіткнеться через камінь спотикання, або образиться через щось, це підтвердить лише те, що він продовжує ходити у темряві.

Звичайно, якщо людина швидко ображається, це означає, що вона або слабка у вірі, або її серце охоплене темрявою. Але людина, яка ображає інших, також несе відповідальність за свої дії. Якщо людина передає послання іншій особі, навіть якщо вона говорить абсолютну істину, вона повинна намагатися донести її з мудрістю, так, як може сприйняти людина зі своїм власним рівнем віри.

Якщо ви скажете новому християнинові, який тільки що отримав Святого Духа: «Якщо бажаєш отримати спасіння, перестань пиячити і палити», або «Ви не повинні відчиняти свій магазин у неділю», або «Якщо ви вчините гріх припинення молитви, між вами і Богом виросте стіна, тож ходіть до церкви і щоденно моліться», тоді це можна порівняти з годуванням м'ясом немовля, який ще має ссати молоко. Навіть якщо молодий християнин скориться під таким тиском, напевно він подумає: «Бути християнином дуже важко». Він може відчути великий тягар і рано чи пізно відмовиться від віри.

В Євангелії від Матвія 18:7 написано: *«Від спокус горе світові, бо мусять спокуси прийти; надто горе людині, що від неї приходить спокуса!»* Навіть якщо ви скажете щось для блага іншої особи, якщо людина образиться або відійде від Бога, це вважатиметься духовним вбивством, і ви неодмінно постанете перед труднощами, щоби заплатити за цей гріх.

Тож якщо ви любите Бога та людей, ви повинні виховувати у собі самовладання, у кожному слові, яке вимовляєте, щоби кожне ваше слово приносило милість і благословення всім, хто слухає. Навіть якщо ви навчаєте когось в істині, ви повинні намагатися бути чутливими, розуміти, чи ваші слова змушують людину відчувати свою провину, або дають їй надію і сили застосувати це у своєму житті, щоби всі, кому ви служите, прямували славним шляхом життя в Ісусі Христі.

### Духовне вбивство: ненависть до брата

Другим видом духовного вбивства є ненависть до брата або сестри у Хресті.

У 1 Посланні Івана 3:15 написано: *«Кожен, хто ненавидить брата свого, той душогуб. А ви знаєте, що жаден душогуб не має вічного життя, що в нім перебувало б».*

Це тому що по суті корінь вбивства криється у ненависті. Спочатку людина може ненавидіти іншу особу у своєму серці. Але коли гнів стає більшим, він може змусити людину вчинити щось погане щодо тієї особи і зрештою цей гнів може навіть підштовхнути людину до вбивства. У випадку з Каїном все почалося з його ненависті до брата.

Тому в Євангелії від Матвія 5:21-22 написано: *«Ви чули, що було стародавнім наказане: Не вбивай, а хто вб'є, підпадає він судові. А Я вам кажу, що кожен, хто гнівається на брата свого, підпадає вже судові. А хто скаже на брата свого: рака, підпадає верховному судові, а хто скаже дурний, підпадає геєнні огненній».*

Коли людина ненавидить інших у своєму серці, її гнів може змусити розпочати боротьбу з ними. І якщо з особою, яку ця людина ненавидить, відбувається щось хороше, вона може заздрити і осуджувати, звинувачуючи цю особу і розповсюджуючи плітки про її гріхи. Вона може обдурити її, завдати шкоди, або стати її ворогом. Ненависть до іншої особи та лихі вчинки, спрямовані проти особи, є прикладами духовного вбивства.

У часи Старого Заповіту, оскільки Бог ще не послав Святого Духа, людям було важко обрізати своє серце і ставати святими. Але тепер, у часи Нового Заповіту, оскільки ми можемо отримати Святого Духа у своє серце, Святий Дух дає нам силу позбавитися навіть своїх найпотаємніших гріхів.

Як частина Триєдиного Бога, Святий Дух схожий на

матусю, що зорієнтована на вивчення деталей і подробиць, яка розповідає нам про серце Бога-Отця. Святий Дух навчає нас про те, що таке гріх, праведність і суд, таким чином допомагаючи нам жити в істині. Тому ми можемо відкинути навіть простий образ гріха.

Тому Бог не лише говорить Своїм дітям ніколи не чинити фізичного вбивства, але також наказує, щоби ми позбавилися коріння ненависті, яке живе у нашому серці. Лише коли ми викинемо гріх зі свого серця і наповнимо його любов'ю, ми можемо дійсно жити у Божій любові і насолоджуватися доказом Його любові (1 Посланні Івана 4:11-12).

Якщо ми когось любимо, ми не бачимо помилок тієї людини. І якщо та людина має якийсь недолік, ми будемо співчувати їй, заохочувати і давати наснаги, допомагаючи змінитися. Коли ми були грішниками, Бог дав нам таку любов, щоби ми отримали спасіння і потрапили на небеса.

Отже ми не лише повинні виконувати Його заповідь: «Не вбивай!», але також любити всіх людей, навіть своїх ворогів, любов'ю Христа і отримувати Божі благословення. І зрештою ми потрапимо у найпрекрасніше місце на небесах і вічно перебуватимемо у Божій любові.

# Розділ 8
## Сьома Заповідь

«Не чини перелюбу!»

**Вихід 20:14**

*«Не чини перелюбу!»*

Гора Везувій, що розташована у південній Італії, була активним вулканом, який лише інколи виділяв пару, але люди вважали, що він лише прикрашав собою пейзаж Помпеї.

24 серпня 79 року нашої ери біля полудня, коли поштовхи землетрусу стали сильнішими, гора Везувій вивергнула хмару схожу на гриб, яка нависла над містом Помпеї. Відбувся великий вибух, верхівка гори з тріском розкололася і розтоплена лава та попіл почав падати на землю дощем.

За лічені хвилини багато людей загинуло, а ті, хто вижив, бігли до океану, намагаючись врятуватися. Але тоді сталося найгірше. Раптом вітер прискорився і подув в бік океану.

Крім того, гарячий і отруйний газ поглинув жителів Помпеї, які щойно врятувалися втечею до океану, і всі вони задихнулися.

Помпеї був містом, де тривали веселощі, панували похіть і поклоніння ідолам. Останній день цього міста нагадує нам про Біблійні міста Содом і Гоморру, які Бог осудив вогнем. Доля цих міст нагадує нам про те, як сильно Бог ненавидить похітливі серця і поклоніння ідолам. Про це чітко говориться у Десяти Заповідях.

## «Не чини перелюбу!»

Перелюб – це сексуальний зв'язок між чоловіком та жінкою, які не є подружжям. У давні часи перелюб вважався надто аморальним вчинком. А що можна сказати про наш час? З розвитком комп'ютерних технологій та Інтернету, дорослі люди та навіть діти мають доступ до похітливих матеріалів, варто лише скористуватися клавіатурою.

Норми поведінки у сучасному суспільстві настільки спотворилися, що плотські та непристойні образи почали з'являтися на телебаченні, в кіно та навіть у дитячих мультфільмах. Сміливий показ тіла швидко поширюється у тенденціях моди. І в результаті стрімко поширюється неправильне розуміння сексу.

Щоби дізнатися про істину цього питання, давайте розглянемо значення сьомої заповіді: «Не чини перелюбу!», поділивши її на три частини.

## Перелюб в дії

Моральні цінності людей у наш час гірші ніж будь-коли. У кінострічках та телевізійних драмах перелюб часто замальовується як прекрасний вид любові. І в наш час неодружені чоловіки і жінки з легкістю віддають свої тіла один одному і розпочинають передшлюбні статеві стосунки, вважаючи так: «Це не погано, бо ми у майбутньому одружимося». Навіть одружені чоловіки і жінки відкрито заявляють, що мають позашлюбні стосунки. І найгіршим є те, що вік, коли люди починають статеві стосунки, постійно зменшується.

Якщо подивитися на закони, які існували у час, коли Мойсею були дані Десять Заповідей, ми дізнаємося про те, що людей, які вчинили перелюб, суворо карали. Хоча Бог – це любов, перелюб – це неприпустимо серйозний гріх. Тому Бог суворо забороняє його.

У Книзі Левит 20:10 написано: *«А кожен, хто буде чинити перелюб із чиєю жінкою, хто буде чинити перелюб із жінкою свого ближнього, буде конче забитий перелюбник та перелюбниця».* У часи Нового Заповіту перелюб вважається гріхом, який руйнує тіло і душу, унеможливлюючи спасіння тих, хто порушують подружню вірність.

*«Хіба ви не знаєте, що неправедні не вспадкують Божого Царства? Не обманюйте себе: ні розпусники, ні ідоляни, ні перелюбники, ні блудодійники, ні мужоложники, ні злодії, ні користолюбці, ні п'яниці, ні злоріки, ні хижаки Царства Божого не вспадкують вони!»* (1 Послання до коринтян 6:9-10).

Якщо молодий християнин чинить гріх через незнання істини, він може отримати Божу милість і отримати можливість покаятися у своїх гріхах. Але якщо християнин, котрий має бути духовно зрілою людиною, котра знає Божу істину, продовжує чинити такий гріх, для нього буде важко навіть отримати духа покаяння.

У Книзі Левит 20:13-16 написано про гріх сексуальних стосунків з тваринами, а також про гріх гомосексуалізму. У наш час існують країни, де визнаються законними гомосексуальні стосунки, хоча це гидота для Бога. Деякі люди можуть відповісти: «Часи змінилися». Але незалежно від змін, які відбулися у світі, Боже слово, яке є істиною, ніколи не змінюється. Тому якщо людина є Божою дитиною, вона не повинна оскверняти себе, намагаючись бути модним і крокувати разом з цим світом.

### Перелюб у думках

Коли Бог говорить про перелюб, Він має на увазі просто дію вчинення перелюбу. Видимий вчинок перелюбу – це ясний випадок перелюбу, але отримання задоволення від уявлення або споглядання аморальних вчинків також вважається перелюбом.

Похітливі думки змушують людину мати похітливе серце. Це якраз називається перелюбом у серці. Хоча людина фактично не робила нічого, якщо наприклад чоловік бачить жінку і чинить перелюб у своєму серці, тоді Бог, який бачить душу кожної людини, вважає це за фізичний перелюб.

В Євангелії від Матвія 5:27-28 написано: *«Ви чули, що сказано: Не чини перелюбу. А Я вам кажу, що кожен, хто на жінку подивиться із пожадливістю, той уже вчинив із нею перелюб у серці своїм».* Після того, як гріховна думка з'являється у голові людини, вона проникає у серце, а потім проявляється у діях. Лише коли ненависть оселиться у серці людини, вона почне робити такі вчинки, які шкодять іншим людям. І лише після того як гнів оселяється у серці людини, вона починає сердитися і лаятися.

Так само коли людина має похітливі бажання у своєму серці, вони легко можуть перетворитися на фізичний перелюб. Навіть якщо це не очевидно, якщо хтось чинить перелюб у своєму серці, він вже вчинив перелюб, тому що корінь цього гріха один і той же.

Одного разу, у перший рік мого навчання у семінарії я був шокований, почувши розмову групи пасторів. До того моменту я любив і поважав пасторів і ставився до них як до Господа. Але наприкінці дуже гарячої дискусії вони прийшли до висновку, що «оскільки то було вчинено ненавмисно, перелюб у серці не є гріхом».

Коли Бог дав нам заповідь: «Не чини перелюбу!», Він знав, що ми можемо додержувати її. Оскільки Ісус сказав: «А Я вам кажу, що кожен, хто на жінку подивиться із пожадливістю, той уже вчинив із нею перелюб у серці своїм», ми повинні викорінити зі свого серця похітливі бажання. Більше додати нічого. Так, це може бути важко зробити, покладаючись лише на власні сили, але з молитвою і постом ми можемо отримати силу від Бога, щоби легко викорінити похіть зі свого серця.

На голові в Ісуса був терновий вінок. Він пролив Свою кров, щоби омити гріхи, які ми чинимо у думках. Бог послав до нас Святого Духа, щоби ми також змогли позбутися природи гріха. Тож що саме ми можемо зробити для того, щоби видалити похіть зі свого серця?

## Стадії видалення похоті з нашого серця

Уявімо, що повз вас проходить гарна жінка або чоловік, і видумаєте: «Оце так красуня!», або «Який красень!», «Я би з нею зустрівся», або «Я би пішла з таким на побачення». Небагато людей вважатимуть такі думки похітливими або виявом перелюбу. Однак якщо хтось промовить такі слова, дійсно маючи таке у думках, тоді це ознака похоті. Для того, щоби позбутися навіть таких натяків похоті, ми повинні пройти через процес ретельної боротьби з цим гріхом.

Звичайно, чим більше ви намагаєтеся не думати про щось, тим більше ці думки дошкуляють вам. Після того, як ви побачили як чоловік і жінка вчиняють розпусту на кіноекрані, ця картинка не виходить з вашої голови. Ви знову і знову пригадуєте ту сцену. Чим сильніше такий образ зачепив ваше серце, тим довше він залишатиметься у вашому розумі.

Тоді що нам робити, щоби позбутися цих похітливих думок? По-перше, ми повинні намагатися уникати ігор, журналів та інших засобів передачі інформації, які мають у собі образи, що спокушають нас, викликаючи похітливі думки. І коли похітлива думка з'являється у нашій голові, ми повинні простежувати напрямок своїх думок. Припустимо, похітлива думка зародилася у вашій голові. Замість того, щоби дозволити їй розвиватися, ви повинні у ту ж мить спробувати зупинити її.

Як тільки ви змінили ці думки на хороші, істинні, які догоджають Богові, постійно молитеся Богові, просячи про допомогу. Він неодмінно дасть вам силу відігнати ту спокусу. Оскільки ви дуже того бажаєте і щиро молитеся, до вас прийде Божа милість і сила. І за допомогою Святого Духа ви зможете позбутися гріховних думок.

Але треба пам'ятати про дещо важливе: ви не повинні

зупинятися після однієї або двох спроб. Продовжуйте молитися з вірою до переможного кінця. Це може зайняти місяць, рік або навіть два-три роки. Але незалежно від часу ви повинні завжди довіряти Богові і постійно молитися. Тоді Бог дасть вам силу, щоби зрештою перемогти, позбутися похоті раз і назавжди.

Пройшовши стадію, коли ви можете «Зупиняти неправильні думки», ви перейдете до стадії, коли зможете «Контролювати своє серце». На цій стадії, навіть побачивши похітливий образ, якщо ви у своєму серці вирішите: «Мені краще про це не думати», тоді ця думка не прийде до вас знову. Перелюб у серці походить від поєднання думок і почуттів. І якщо ви зможете контролювати свої думки, тоді гріхи, які походять від таких думок, не зможуть увійти у ваше серце.

Наступна стадія – «Непристойні думки просто не з'являються». Навіть якщо ви бачите похітливий образ, він не впливає на ваш розум, отже похіть не може увійти до вашого серця. Наступна стадія – «Ви не можете навіть навмисно мати непристойні думки».

Коли ви підійшли до цієї стадії, навіть якщо ви намагатиметесь мати похітливі думки, цього не відбудеться. Оскільки ви вирвали той гріх з корінням, навіть якщо ви побачите збуджуючий образ, ви не зреагуєте на нього жодною думкою або почуттям. Це означає, що неправедні, або безбожні, образи більше не можуть увійти у ваш розум.

Звичайно, під час проходження стадії позбавлення гріха можуть бути моменти, коли ви вважатимете, що позбулися гріхів, але вони знову якимось чином заповзають у вашу голову.

Але якщо ви вірите у Боже слово і маєте велике бажання виконувати Його заповіді та позбуватися своїх гріхів, ви не будете інертними на своєму шляху віри. Це можна порівняти з очищенням цибулі. Коли ви зняли один або два шари, може здатися, що вони ніколи не закінчаться, але знявши ще декілька шарів, ви розумієте, що почистили цибулину повністю.

Віруючі, які споглядають на себе з вірою, не розчаровуються і не мають таких думок: «Я так старався, але все ще не можу позбутися своєї гріховної природи». Навпаки, вони повинні мати віру, щоби змінитися і позбутися гріхів. Маючи такі думки, вони повинні старатися ще сильніше. Якщо ви розумієте, що ще не позбулися гріховної природи, ви повинні бути вдячними, що тепер маєте можливість це зробити.

Якщо проходячи стадії позбуття похоті, до вас закралася похітлива думка, не переживайте. Бог не вважає це за перелюб. Якщо ви перебуваєте у цій думці і дозволяєте їй поширитися, тоді це стає гріхом, але якщо ви покаєтеся і продовжите свої спроби, щоби стати освяченою людиною, Бог спогляне на вас з благодаттю і дасть вам силу перемогти той гріх.

### Духовний перелюб

Перелюб тілесний – це перелюб плотський. Але тяжчим перелюбом вважається духовний перелюб. «Духовний перелюб» – це коли людина заявляє, що є віруючою, однак любить світ більше за Бога. Основною причиною того, що людина чинить фізичний перелюб, криється у тому, що у своєму серці вона більше любить плотські задоволення, ніж Бога.

У Посланні до колосян 3:5-6 написано: *«Отож, умертвіть ваші земні члени: розпусту, нечисть, пристрасть, лиху пожадливість та зажерливість, що вона ідолослуження, бо гнів Божий приходить за них на неслухняних».* Це означає, що навіть якщо ми отримали Святого Духа, бачимо Божі дива і маємо віру, якщо ми не позбавимося пожадливості та неправомірних бажань, то будемо схильними любити світ більше за Бога.

Із другої заповіді ми дізналися про те, що ідолопоклонство духовно означає те, що ми любимо щось інше більше за Бога. Тоді яка різниця між «духовним ідолопоклонством» і «духовним перелюбом»?

Ідолопоклонство відбувається тоді, коли люди, які не знають Бога, створюють якийсь образ і поклоняються йому. Духовно «ідолопоклонство» – це коли віруючі, які мають слабку віру, люблять все мирське більше, ніж Бога.

Деякі молоді віруючі, які мають слабку віру, люблять світ більше ніж Бога. Вони можуть задавати такі питання: «Чи дійсно існує Бог?», або «Чи насправді існують небеса та пекло?» Оскільки вони все ще сумніваються, їм важко жити за словом. Вони все ще можуть любити гроші, славу або свою сім'ю більше ніж Бога, а отже чинити духовне ідолопоклонство.

Однак, оскільки вони більше слухають слово, більше моляться і відчувають відповіді Бога на свої молитви, вони починають розуміти, що Біблія – це істина. А тоді вони можуть повірити у те, що небеса та пекло дійсно існують. Згодом вони розуміють, чому саме повинні передусім любити Бога. Якщо їхня віра ростиме таким чином, але вони продовжуватимуть любити цей світ, тоді вони чинитимуть «духовний перелюб».

Наприклад, був чоловік, який просто думав: «Було би добре одружитися на тій жінці». А та жінка вийшла заміж за іншого чоловіка. У такому випадку ми не можемо сказати, що жінка вчинила перелюб. Оскільки чоловік, який мав бажання у думках, програв, а жінка не мала з ним жодних стосунків, ми не можемо стверджувати, що вона вчинила перелюб. Щоби бути точнішими, та жінка була просто ідолом у серці чоловіка.

І навпаки, якщо чоловік і жінка зустрічалися, освідчилися у коханні один до одного і одружилися, а потім жінка мала позашлюбні стосунки з іншим чоловіком, це вважається перелюбом. Отже ви розумієте, що духовне ідолопоклонство і духовний перелюб здаються схожими, але вони відрізняються за двома ознаками.

### Стосунки між Ізраїльтянами і Богом

В Біблії порівнюються стосунки між Ізраїльтянами і Богом та між батьком і дітьми. Ці стосунки також порівнюються зі стосунками між чоловіком і дружиною. Тому що їхні стосунки побудовані на заповіті любові. Однак якщо розглянути історію народу Ізраїля, можна побачити, що багато разів народ забував про завіт і поклонявся чужим богам.

Язичники поклонялися ідолам тому що не знали Бога, але Ізраїльтяни, незважаючи на те, що від народження добре знали Бога, поклонялися чужим ідолам задовольняючи свої егоїстичні бажання.

Тому у 1 Книзі Хроніки 5:25 написано: «*Та спроневірилися вони Богові своїх батьків, і блудили за богами народів Краю, яких Бог вигубив перед ними*». Це означає, що ідолопоклонство Ізраїльтян насправді було духовним перелюбом.

У Книзі Єремії 3:8 написано: «*І побачила Юдея, що за все те, що перелюб чинила невірна дочка Ізраїлева, відпустив Я її, і дав їй листа розводового. Та зрадлива сестра її, дочка Юдина, не побоялася й пішла, і блудливою стала й вона...*» В результаті гріха Соломона, під час царювання його сина Рехав'ама, Ізраїль розділився на Північний Ізраїль і Південну Юдею. Незабаром після цього розділення Північний Ізраїль вчинив духовний перелюб, поклонившись ідолам. В результаті їх зрікся Бог і знищив їх Своїм гнівом. Тоді Південна Юдея, побачивши що сталося з Північним Ізраїлем, замість покаяння продовжила поклонятися ідолам.

Всі Божі діти, які тепер живуть під законом Нового Заповіту, є нареченими Ісуса Христа. Тому Апостол Павло визнав, що коли прийде час зустрітися з Господом, він дуже старатиметься приготувати віруючих, щоби вони були чистими нареченими для Христа, їхнього чоловіка (2 Послання до коринтян 11:2).

Отже якщо віруюча людина називає Господа «Своїм Нареченим», але продовжує любити цей світ і віддалятися від істини, тоді вона чинить духовний перелюб (Послання Якова 4:4). Якщо чоловік або дружина зраджує своїй половині і чинить фізичний перелюб, це страшний гріх, який дуже важко простити. Якщо хтось зраджує Бога і Господа, чинячи духовний перелюб, наскільки більшим є такий гріх?

У Книзі Пророка Єремії 11 ми можемо прочитати, як Бог говорить Єремії не молитися за Ізраїль, оскільки народ Ізраїлю не перестав чинити духовний перелюб. Він навіть говорить, що навіть якщо народ благатиме Його, Він не почує.

Тож якщо суворість духовного перелюбу досягне певної точки, грішна людина не зможе почути голос Святого Духу. І вже не важливо буде, як сильно вона молиться, на її молитви вона не отримає відповіді. Якщо людина віддаляється від Бога, вона стає мирською і закінчує тим, що чинить серйозні гріхи, які ведуть до смерті, як, наприклад, фізичний перелюб. Як записано в Посланні до євреїв 6:10, вони ніби розпинають Ісуса Христа знову, і прямують шляхом смерті.

Отже давайте позбудемося гріхів перелюбу: духовного, у думках, або фізичного, і зі святістю набудемо характеристик, щоби стати нареченою Господа, чистими і незаплямованими, станемо людьми, які живуть праведним життям, яке втішає Отця.

# Розділ 9
## Восьма Заповідь

## «Не кради!»

**Вихід 20:15**

*«Не кради!»*

Покора Десяти Заповідям безпосередньо впливає на наше спасіння і здатність перемагати, переборювати і керувати силою ворога, сатани і диявола. Для Ізраїльтян покора або непокора Десяти Заповідям визначала те, чи були вони Богом обраним народом.

Так само для нас, хто став Божими дітьми, наша покора або непокора Божому слову визначає те, чи отримали ми спасіння. Тому що наша покора Божим заповідям створює стандарт для нашої віри. Отже покора Десяти Заповідям прив'язана до нашого спасіння, і ці заповіді є також Божим запасом любові і благословень для нас.

## «Не кради!»

Існує давнє корейське прислів'я: «Той, хто вкрав голку, скоро вкраде корову». Це означає, що якщо людина вчинила дрібне хуліганство і залишилася без покарання, та продовжує так діяти, досить скоро може закінчити тяжчим злочином, який матиме великі негативні наслідки. Тому Бог застерігає нас: «Не крадіть!»

Це думка чоловіка на ім'я Фу Пучі, якого ще називали «Цзе-цен» або «Цзу-чен», він був одним із учнів Конфуція, комендантом Тан-фу в державі Лу у період Чуньцю (період Весни та Осені), а також у період Боротьби царств. Прийшла інформація, що солдати сусіднього царства Ци мають скоро напасти, і Фу Пучі наказав щільно закрити стіни царства.

Тоді був час збору врожаю, який вже дозрів на полях. Люди запитали: «Перед тим як закрити стіни чи можемо ми зібрати врожай поки не прийшли вороги?» Не звернувши уваги на прохання народу, Фу Пучі закрив стіни міста. Тоді народ обурився на Фу Пучі, говорячи, що той на стороні ворогів. Тож цар викликав його на допит. Коли цар запитав Фу Пучі про його дії, він відповів: «Так, ми відчуємо велику втрату якщо вороги заберуть наш врожай, але якщо наш народ похапцем звикне збирати врожай з полів, які їм не належать, навіть через десять років неможливо буде відучити його від цієї звички». Після цих слів Фу Пучі заслужив велику пошану і захоплення царя.

Фу Пучі міг дозволити народові зібрати врожай як вони просили, але якби вони навчилися виправдовувати крадіжку з чужих полів, для їхнього царства і для народу це не минуло би безслідно і згодом принесло би шкоду. Отже «крадіжка» означає неправильне користування чимось, маючи при цьому неправильну мотивацію. Це означає взяти щось, що вам не належить, або крадькома заволодіти чужим майном.

Але «крадіжка», про яку говорить Бог, також має глибший духовний зміст. Тож що включає в себе слово «крадіжка», про яку говориться у восьмій заповіді?

## Заволодіти речами іншої людини. Визначення крадіжки з точки зору матеріального світу

В Біблії читаємо про заборону крадіжки. Там записані правила: що необхідно робити, якщо хтось вкраде (Книга Вихід 22).

Якщо вкрадена тварина буде живою у руці злодія, злодій повинен відшкодувати вдвоє більше від вкраденого. Якщо злодій вкраде тварину і заб'є або продасть її, він повинен відшкодувати власникові тварини у п'ять разів більше за вола та у чотири рази за вівцю. Незалежно від того, наскільки малим є вкрадене, якщо злодій забере власність іншої людини, це вважається крадіжкою, що навіть у суспільстві вважається злочином, і за це існують певні покарання.

Окрім явних випадків крадіжки існують випадки, коли люди забирають щось не своє через неуважність. Наприклад, у нашому повсякденному житті ми можемо мати звичку використовувати чужі речі без дозволу, навіть не задумуючись. Ми навіть не відчуваємо провину за те, що користуємося чимось без дозволу, тому що ми або дуже близькі до тієї особи, або предмет, яким ми користуємося, не дуже цінний.

Так само відбувається коли ми користуємося без дозволу речами свого чоловіка або дружини. Навіть у безвихідній ситуації, якщо нам довелося скористатися чиїмись речами без дозволу, ми одразу ж повинні повернути їх власникові або поставити на місце. Однак часто ми їх просто не повертаємо.

Це не тільки втрата для людини, таким чином ми проявляємо неповагу до тієї людини. Навіть якщо такий вчинок не вважається злочином у суспільстві, Бог вважає це крадіжкою. Якщо совість людини дійсно чиста, і вона щось взяла, незалежно від того, чи то малий предмет, чи неоцінний, у когось без дозволу, та людина відчує себе винуватою.

Навіть якщо ми не крадемо і не забираємо щось силою, якщо ми здобули чиюсь річ неналежним чином, це також вважається крадіжкою. Використання власного положення або сили для отримання хабара також підпадає під цю категорію. У Книзі Вихід 23:8 дається попередження: «*А хабара не візьмеш, бо хабар осліплює зрячих і викривляє слова справедливих*».

Продавці, які мають добре серце, відчуватимуть себе винними, якщо завищатимуть ціни щоби здерти більше грошей з покупців заради власної вигоди. І хоча вони не вкрали майно інших людей таємно, цей вчинок також вважається крадіжкою, бо вони взяли більше ніж потрібно.

### Духовна крадіжка: забрати те, що належить Богові

Окрім «крадіжки» коли ви забираєте в іншої людини без дозволу, існує також «духовна крадіжка», коли ви забираєте в Бога без дозволу. Це насправді може вплинути на чиєсь спасіння.

Юда Іскаріотський, один із учнів Ісуса, завідував скринькою для пожертвувань, які люди давали отримавши зцілення або благословення від Ісуса. Але з часом жадібність охопила його серце, і він почав красти (Євангеліє від Івана 12:6).

В Євангелії від Івана 12, де написано про те, як Ісус прийшов у дім Симона у Віфанії, ми читаємо про те, як жінка намастила Ісусові ноги миром. Побачивши це, Юда суворо докорив їй, запитавши чи не краще було б продати те миро і віддати гроші бідним. Якби те миро було продане, Юда, як скарбничий, міг би поживитися з них, але оскільки миро було вилите Ісусові на ноги, він відчув, що цінність була витрачена марно.

Зрештою Юда перетворився на раба грошей і продав

Ісуса за тридцять срібних монет. Незважаючи на те, що Юда мав можливість отримати славу, називаючись одним із учнів Ісуса, він вкрав у Бога і продав свого вчителя, нагортаючи на себе гріхи. Нажаль він навіть не зміг отримати дух покаяння перед своєю жалюгідною смертю (Книга Дії 1:18).

Тому нам необхідно детальніше роздивитися наслідки: що відбувається коли ми крадемо у Бога.

Перший випадок: коли хтось запускає руку у церковну казну.

Навіть якщо злодій не віруючий, якщо він вкраде у церкви, він неодмінно відчує страх у своєму серці. Але якщо віруюча людина запустить руку у скарбницю з грошима, які належать Богові, як він може стверджувати, що має віру і отримає спасіння?

Навіть якщо люди ніколи не дізнаються, Бог бачить все, і коли прийде час, Він судитиме справедливо, і злодій повинен буде отримати покарання за свій гріх. Якщо злодій не зможе покаятися і помре не отримавши спасіння, то буде жахливо. До того часу незалежно від того як сильно він битиме себе у груди і вибачатиметься за свої дії, вже буде пізно. Йому не слід було торкатися Божих грошей.

Другий випадок: якщо хтось неправильно використовує церковні речі або витрачає церковні гроші не за призначенням.

Навіть якщо людина не вкрала самі пожертвування, якщо вона користується для власної потреби грошима, які було зібрано для членських внесків місіонерських груп, або інші пожертвування, це можна порівняти з крадіжкою в Бога. Також вважається крадіжкою якщо людина купує предмети для офісу за церковні гроші і використовує їх для власних цілей.

Марно витрачати предмети для офісу, брати церковні гроші для закупівлі предметів для офісу і використовувати решту для інших цілей замість того щоби повернути їх у церкву, використовувати церковний телефон, електроенергію, обладнання, меблі та інші предмети для власної потреби нерозсудливо, – це також форми неправильного використання церковних грошей.

Ми також повинні стежити, щоби діти не м'яли та не рвали конверти для пожертвувань, церковні бюлетені або газети заради розваг або пустощів. Дехто може подумати, що це незначні провини, але на духовному рівні по суті ми крадемо у Бога, і ці дії можуть стати стіною гріха між нами і Богом.

**Третій випадок: крадіжка десятини і пожертвувань.**

У Книзі пророка Малахії 3:8-9 написано: *«Чи Бога людина обманить? Мене ж ви обманюєте, ще й говорите: «Чим ми тебе обманили?» – Десятиною та приносами! Прокляттям ви прокляті, а Мене обманили, о люду ти ввесь!»*

Віддавати десятину – це значить віддавати Богові десяту частину доходів як доказ свого розуміння, що Він – Хазяїн всього матеріального і що Він наглядає за життям кожного з нас. Тому якщо ми говоримо, що віримо в Бога, але не віддаємо десятину, ми обкрадаємо Бога, і тоді у наше життя може вкрастися прокляття. Це не означає, що Бог прокляне нас. Це означає, що коли сатана звинувачує нас у наших провинах, Бог не може нас захистити, тому що насправді ми порушуємо Божий духовний закон. Тому у нашому житті можуть з'явитися фінансові проблеми, спокуси, несподівані нещастя або хвороби.

Але як написано у Книзі Пророка Малахії 3:10: *«Принесіть же ви всю десятину до дому скарбниці, щоб страва була в Моїм храмі, і тим Мене випробуйте, промовляє ГОСПОДЬ Саваот: чи небесних отворів вам не відчиню, та не виллю вам благословення аж надмір?»* Якщо ми віддаємо належну десятину, ми можемо отримати обіцяні Богом благословення і захист.

Є люди, які не отримують захист від Бога, тому що вони не віддають десятину повністю. Не беручи до уваги інші джерела доходів, люди відраховують свою десятину від чистої заробітної платні, а не від загального доходу, до того ж після всіх підрахунків та уплати всіх податків.

Але віддавати десятину належним чином означає відділяти десятину для Бога із всього доходу. Дохід від додаткового приватного бізнесу, грошові подарунки, запрошення на обід та інші подарунки – все це особистий прибуток, отже ми повинні відрахувати одну десяту частину ціни такого виду доходів і також віддати належну десятину від того.

У деяких випадках люди відраховують свою десятину але віддають її Богові у якості іншого пожертвування, наприклад як місіонерські пожертвування або добровільні пожертвування. Але це теж вважається крадіжкою, тому що це неналежна десятина. Фінансові лідери церкви самі вирішують як краще розпорядитися грошима, але лише від нас залежить те, чи віддаємо ми десятину під правильним заголовком пожертвування.

Ми також можемо віддавати інші пожертвування як пожертвування подяки. Божим дітям є за що дякувати Богові. Отримавши дар спасіння, ми можемо потрапити на небеса. Виконуючи різноманітні обов'язки в церкві, ми збираємо нагороди на небесах. Живучи тут, на землі, ми отримуємо Божий захист і благословення. Тож ми повинні бути дуже вдячними!

Тому кожної неділі ми приходимо до Бога з багатьма пожертвуваннями подяки, висловлюючи свою подяку Богові за те, що Він охороняв нас цілий тиждень. І під час біблійних святкувань та інших подій, коли ми маємо особливу нагоду подякувати Богові, ми відкладаємо спеціальне пожертвування і віддаємо його Богові.

У наших стосунках з іншими людьми, коли хтось допомагає нам або служить нам, ми не просто вдячні у своєму серці; ми бажаємо віддати щось їм взамін. Так само нормальним вважається якщо ми хочемо пожертвувати щось Богові, щоби явити нашу вдячність за те, що Він дав нам спасіння і готує небеса для нас (Євангеліє від Матвія 6:21).

Якщо людина говорить, що має віру, але скупо віддає Богові, це означає, що вона все іще має жадобу до матеріальних речей. Це говорить про те, що вона любить матеріальне більше ніж Бога. Тому в Євангелії від Матвія 6:24 написано: *«Ніхто двом панам служити не може, бо або одного зненавидить, а другого буде любити, або буде триматись одного, а другого знехтує. Не можете Богові служити й мамоні».*

Якщо ми – зрілі християни, але все ще любимо матеріальне більше за Бога, тоді нам буде легше відступити від віри, ніж просуватися вперед. Благодать, яку ми колись отримали, стає спогадами, причини бути вдячними відступають, і наша віра відступає, так що наше спасіння потрапляє у небезпеку ще до того як ми усвідомимо те.

Богові приємний аромат пожертвування справжньої подяки і віри. Кожна людина має різну міру віри, і Бог знає ситуацію кожної людини, Він бачить внутрішній світ кожної людини. Отже для Нього не має значення кількість або розмір пожертвувань. Пам'ятаєте, як Ісус похвалив вдову, яка пожертвувала дві дрібні монети, все, що мала на прожиток (Євангеліє від Луки 21:2-4).

Якщо ми догоджаємо Богові таким чином, Бог благословить нас багатьма благословеннями і дасть багато причин, за що ми маємо бути вдячними, то наші пожертвування неможливо буде порівняти з благословеннями, які ми отримаємо від Нього. Бог переконується у тому, що наша душа процвітає, і благословляє нас, щоби наше життя було сповнене причин, за що ми маємо бути вдячними Богові. Бог благословляє нас втроє, вшестеро та у сто разів більше від пожертвувань, які ми віддаємо Йому.

Після того як я прийняв Христа, як тільки я дізнався про те, що ми повинні віддавати належну десятину та пожертвування Богові, я одразу став покірним у цьому. За сім років, коли я був прикутий хворобою до ліжка, мій борг збільшився у декілька разів. Але оскільки я був вдячний Богові за те, що Він зцілив мене від недуги, я завжди жертвував Богові скільки міг. Незважаючи на те, що ми з жінкою працювали, ми ледь могли виплатити відсотки по нашому боргу. Незважаючи не це, ми ніколи не приходили на богослужіння з порожніми руками.

Коли ми повірили у всемогутнього Бога і покорилися Його наказам, Він допоміг нам розрахуватися за величезний борг всього за декілька місяців. І з часом ми відчули Божі нескінченні благословення так що почали жити у достатку.

**Четвертий випадок: крадіжка Божого слова.**

Крадіжка Божого слова означає фальшиве пророцтво Божим ім'ям (Книга Пророка Єремії 23:30-32). Наприклад, є люди, які крадуть Його слова, стверджуючи, що вони чули голос Бога, і говорять про майбутнє як віщуни, або говорячи людині, чий бізнес іде погано: «Бог дозволяє, щоби твій бізнес занепадав, тому що ти повинен стати пастором, а не бізнесменом».

Також вважається крадіжкою Божого слова якщо хтось побачив сон або видіння, засноване на його власних думках, і стверджує: «Бог дав мені цей сон», або «Бог дав мені це видіння». Це також підпадає під категорію неправильного використання Божого імені.

Звичайно, розуміння Божої волі завдяки роботі Святого Духа і проголошення Божої волі – це добре. Але щоби робити це правильно, ми повинні перевірити, чи приємні ми для Бога. Бог не буде говорити з будь-якою людиною. Він може говорити лише з тими, хто не має гріха у своєму серці. Тому ми повинні пересвідчитися, що ми у жодному разі не крадемо Боже слово, занурюючись у глибінь власних думок.

Крім того, якщо ми коли-небудь відчували докори сумління, сором або збентеження, коли брали або робили щось, це означає, що ми повинні переоцінити себе. Ми можемо відчувати докори сумління тому що колись взяли щось що нам не належить задля задоволення власних інтересів, і Святий Дух, що живе в нас, сумує.

Наприклад, навіть якщо ми не вкрали якийсь предмет, якщо отримали заробітну платню за погану роботу, або отримавши завдання від церкви, ми не виконуємо своїх зобов'язань, вважаючи, що ми маємо добре серце, ми відчуємо докори сумління.

Також якщо особа, віддана Богові, марно витрачає час, виділений для Бога, і спричинює втрату часу для Божого Царства, вона краде час. Не лише з Богом, але й на роботі та у неформальному оточенні, ми повинні бути впевненими у своїй пунктуальності, щоби не стати причиною втрати часу для інших, змарнувавши їхній час.

Тому ми повинні завжди оцінювати себе, щоби бути впевненими, що ми жодним чином не чинимо гріх крадіжки, позбавити свої серця і розум егоїзму і жадібності. І з чистою совістю ми повинні намагатися досягти праведного і щирого серця перед Богом.

## Розділ 10
Дев'ята Заповідь

—— ~~~~ ——

«Не свідкуй неправдиво
на свого ближнього!»

**Вихід 20:16**

*«Не свідкуй неправдиво на свого ближнього!»*

У ту ніч Ісуса було заарештовано. Петро сидів у дворі, де допитували Ісуса. Служниця промовила до нього: «І ти був з Ісусом Галілеянином!» Вражений Петро різко заперечив: «Не відаю я, що ти кажеш» (Євангеліє від Матвія 26). Петро насправді не хотів відрікатися від Ісуса, він сказав неправду, бо його раптом охопив страх. Одразу після цього випадку Петро вийшов з двору, ударився головою об землю і гірко заплакав. Коли Ісус ніс хрест на Голгофу, Петро йшов за Ним на певній відстані, присоромлений, не в змозі звести своєї голови.

Хоча все це відбулося перед тим як Петро отримав Святого Духа, він, памятаючи свою неправду, не смів бути розіп'ятим як Ісус, у положенні стоячи. Навіть після отримання Святого Духа і після того як він все своє життя присвятив служінню Йому, він дуже соромився моменту, коли відмовився від Ісуса. Зрештою він добровільно погодився, щоби його розіп'яли вниз головою.

## «Не свідкуй неправдиво на свого ближнього!»

Серед буденних слів, які люди промовляють щоденно, є декілька дуже важливих слів, тоді як інші слова – несуттєві. Деякі слова безглузді, а деякі злі, які ображають або обманюють інших людей.

Неправда – це лихі слова, які відхиляються від правди. Хоча вони не визнають того, багато людей щоденно говорять багато неправди, великої та малої. Деякі люди з гордістю заявляють: «Я не брешу», але перед тим, як дізнатися про це, вони мимоволі стають на вершину гори неправди.

Бруд, мерзота і безладдя можуть приховатися у темряві. Однак якщо кімнату осяє яскраве світло, можна буде помітити навіть найменшу плямочку бруду. Так само Бог, Який є істиною, сяє для нас як світло. Він бачить, що багато людей постійно говорять неправду.

Тому у дев'ятій заповіді Бог наказує нам не свідчити неправдиво на свого ближнього. Тут під «ближнім» маються на увазі батьки, брати, діти – всі, хто вас оточує, окрім вас самих. Давайте розглянемо, як Бог визначає «неправдиве свідчення», у трьох частинах.

По-перше, «свідчити неправдиво» означає говорити про свого ближнього неправедним способом.

Ми знаємо, якими жахливим можуть бути неправдиві свідчення, наприклад, розглядаючи судові процеси. Через те що показання свідка безпосередньо впливають на кінцевий вирок суду, лише незначний нахил капелюшка може спричинити велике нещастя для невинної людини, для якої рішення може стати питанням життя і смерті.

Щоби запобігти зловживанням свідка або погеній практиці неправдивих свідчень, Бог наказав, щоби судді слухали декількох свідків, щоби правильно зрозуміти всі аспекти справи і щоби вони могли зробити мудрі і розсудливі рішення. Тому Він наказав тим, хто свідчить і тим, хто судить, робити свою справу з розсудливістю і обережністю.

У Книзі Повторення Закону 19:15 Бог говорить: *«Не стане один свідок на кого для всякої провини і для всякого гріха, у кожнім гріху, що згрішить, на слова двох свідків або на слова трьох свідків відбудеться справа».* Він продовжує говорити у віршах 16-20, що *«коли стане на кого неправдивий свідок, щоб свідчити проти нього підступно»,* тоді він повинен отримати покарання, яке він замишляв проти свого брата.

Окрім серйозних випадків як цей, коли одна особа стає причиною тяжкої втрати для іншої особи, існує багато інших випадків, коли люди говорять невеличку неправду про своїх ближніх у буденному житті. Навіть якщо людина не свідчить неправдиво про свого ближнього, якщо вона не говорить правду у ситуації, коли має говорити правду у захист свого ближнього, цей випадок можна вважати неправедним свідченням.

Якщо інша людина отримала обвинувачення за нашу провину, і ми не промовили ні слова через страх потрапити у біду, тоді яким чином ми можемо мати чисту совість? Так, Бог наказує нам, щоби ми не говорили неправду, але Він також наказує, щоби ми мали правдиві серця, щоби наші слова і дії відображали чесність та істину.

А що Бог думає про «маленьку білу неправду», яку ми говоримо, щоби заспокоїти когось або щоби людина почувала себе краще?

Наприклад, ми можемо прийти в гості до друга, а він запитає: «Ти голодний?» Навіть якщо ми не їли, ми відповідаємо: «Ні», щоби товариш не турбувався. Однак у такому випадку нам все рівно треба говорити правду: «Ні, я не їв, але я не голодний».

В Біблії також є приклади «маленької білої неправди».

У Книзі Вихід 1, написано про те, як цар Єгипту почав хвилюватися, тому що народ єврейський став розмножуватися і сильно міцнів, тож він наказав єврейським бабам-сповитухам: *«Як будете бабувати єврейок, то дивіться на порід: коли буде син, то вбийте його, а коли це дочка, – то нехай живе»* (вірш 16).

Але єврейські баби-сповитухи боялися Бога, не слухалися наказу єгипетського царя і залишали хлопчиків живими. Тоді цар покликав баб-сповитух і запитав:

«Нащо ви робите цю річ, та лишаєте дітей при житті?» Вони відповіли: «Бо єврейки не такі, як єгипетські жінки, – бо вони самі баби-сповитухи: поки прийде до них баба-сповитуха, то вони вже й народять».

Також коли Саул, перший цар Ізраїлю, став заздрити Давидові і намагався вбити його тому що його більше любив народ, Йонатан, син Саула, обдурив його, щоби врятувати життя Давида.

У випадку, коли люди говорять неправду виключно для користі іншої особи, щиро і добровільно, але не задля задоволення власних егоїстичних цілей, Бог не буде автоматично карати їх, говорячи: «Ти сказав неправду». Саме як він зробив для єврейських баб-сповитух, Він явить свою милість до них, бо вони намагалися врятувати життя дітей маючи добрі наміри. Однак коли люди досягають рівня повного доброчестя, вони зможуть торкнутися серця противника або іншої людини, з якою вони спілкуються, не використовуючи «маленьку білу неправду».

По-друге: додавати або видаляти слова, передаючи повідомлення – це інший вид неправдивого свідчення.

Це той випадок, коли ви змінюєте інформацію про когось, спотворюючи істину. Можливо через те, що ви додали свої власні думки або емоції, чи випустили певні слова. Коли хтось щось говорить, більшість слухає суб'єктивно, тож те, як люди сприймають інформацію, сильно залежить від їхніх власних емоцій та минулого досвіду. Тому коли певна інформація передається від особи особі, те, що на початку хотів сказати промовець, може бути втрачене.

Навіть якщо всі слова та пунктуація збережені, значення інформації може змінитися в залежності від інтонації промовця і наголосу на певних словах. Наприклад, велика різниця, між людиною, яка ласкаво запитає свого друга: «Чому?», та людиною, яка з жорстоким виразом обличчя крикне своєму ворогові: «Чому?!»

Тому завжди, коли ми слухаємо інших людей, ми повинні намагатися зрозуміти, що та людина говорить, не домішуючи особисті почуття. Те саме правило застосовується під час звернення до людей. Ми повинні зробити все можливе, щоби точно передати оригінальне послання промовця, його дійсне значення.

Крім того, якщо зміст послання неправдивий або не допомагає слухачеві, навіть якщо ми точно передамо послання, краще би ми того не робили. Це тому що навіть якщо ми передаватимемо послання з добрими намірами, сторона, що отримує інформацію, може образитися. І якщо це відбудеться, тоді ми можемо роздути конфлікт між людьми.

В Євангелії від Матфія 12:36-37 написано: *«Кажу*

*ж вам, що за кожне слово пусте, яке скажуть люди, дадуть вони відповідь судного дня! Бо зо слів свої будеш виправданий, і зо слів своїх будеш засуджений».* Тому ми повинні утримуватися від неправдивих слів промовця, в яких відсутня любов господа. Це також стосується того як ми будемо слухати ті слова.

**По-третє: осуджувати і критикувати інших людей, насправді не розуміючи їхнього серця, – це також різновид неправдивого свідчення на свого ближнього.**

Досить часто люди судять про серце та наміри особи, засновуючись на її висловах та діях, керуючись власними думками та почуттями. Вони можуть сказати: «Він напевно сказав, маючи на увазі...», або «Він точно мав такі наміри, коли робив це».

Припустимо, молодий робітник поводився не дуже люб'язно зі своїм начальником, тому що нервував через нове оточення. Начальник міг подумати: «Цей новенький не дуже гарно відповідає мені. Можливо тому що я покритикував його вчора». Це неправильне уявлення було засноване на власних думках. Буває, що хтось проходить повз свого друга, не помічаючи його, глибоко занурившись у власні думки. Товариш може подумати: «Він поводиться так, ніби не знає мене! Може він сердиться на мене?»

Інша людина у такій самій ситуації може відреагувати по-своєму. Кожна людина має свої думки і почуття, тож кожна людина реагує по-своєму за певних обставин. Тому під час тяжких випробувань кожна людина матиме власний рівень сили для їхнього подолання. Тому коли ми бачимо людину, яка переживає біль, ми не повинні судити її за власним стандартом терпіння до болю: «Чому він так сильно нервує через дрібниці?» Нелегко повністю зрозуміти серце іншої людини, навіть якщо ви дійсно любите її і маєте близькі стосунки з нею.

Крім того, бувають інші випадки, коли люди неправильно судять та неправильно розуміють інших, розчаровуються і зрештою засуджують їх, через те що судили про інших відповідно до своїх власних стандартів. Засновуючись на власних стандартах, ми судимо наміри іншої особи навіть якщо вона таких не мала. Ми навіть негативно говоримо про неї і неправдиво свідчимо про неї. І якщо ми беремо участь у цьому, слухаючи неправду і сприяючи осудженню і обвинуваченню цієї особи, тоді знову ми чинимо гріх неправдивого свідчення на свого ближнього.

Більшість людей вважають, що якщо вони самі погано зреагували на ситуацію, тоді інші люди у такій же ситуації зроблять те саме. Обманщики вважають інших людей також обманщиками. У певній ситуації, коли у них виникають лихі думки, вони міркують: «Ручусь, що та особа також має лихі думки». І оскільки вони самі зневажають інших людей, вони думають: «Ця людина зневажає мене. Вона горда».

Тому у Посланні Якова 4:11 написано: *«Не обмовляйте, брати, один одного! Бо хто брата свого обмовляє або судить брата, той Закона обмовляє та судить Закона. А коли ти Закона осуджуєш, то ти не виконавець Закона, але суддя».* Якщо хтось осуджує або зводить наклеп на свого брата, це означає, що ця людина горда і зрештою бажає бути схожою на Бога-Суддю.

Важливо знати, що якщо ми говоримо про недоліки інших людей і засуджуємо їх, ми чинимо ще більший гріх, ніж ті люди. В Євангелії від Матвія 7:1-5 написано: *«Не судіть, щоб і вас не судили; бо яким судом судити будете, таким же осудять і вас, і якою мірою будете міряти, такою відміряють вам. І чого в оці брата свого ти заскалку бачиш, колоди ж у власному оці не чуєш? Або як ти скажеш до брата свого: Давай вийму я заскалку з ока твого, коли он колода у власному оці? Лицеміре, вийми перше колоду із власного ока, а потім побачиш, як вийняти заскалку з ока брата твого».*

Ми також повинні бути дуже обережними судячи Божі слова, покладаючись на власні думки. Що для людини неможливо, можливо для Бога, тож коли людина читає Боже Слово, вона не повинна говорити: «Це неправильно».

## Брехати, перебільшуючи або применшуючи істину

Без будь-яких лихих намірів люди мають тенденцію перебільшувати чи применшувати правду. Наприклад, якщо хтось з'їв багато, він може сказати: «Я з'їв все». І навіть якщо щось залишилося, чоловік говорить: «Не залишилося ані крихти!» Буває таке, що вислухавши думку трьох-чотирьох осіб, які згодні з чимось, ми стверджуємо: «Всі погодилися».

Таким чином, те, що багато людей не вважають неправдою, насправді є неправда. Є навіть випадки, коли ми обговорюємо ситуацію, про яку насправді не знаємо, бо нам не відомі всі факти, і в результаті ми говоримо неправду.

Наприклад, припустимо хтось нас запитав, скільки найманих робітників працює у певній кампанії, а ми відповідаємо: «Стільки-то», але потім, порахувавши, розуміємо, що насправді кількість інша. Хоча ми сказали неправду ненавмисно, сказане нами є неправдою, бо відрізняється від правди. Тож у такому випадку краще відповідати так: «Я не знаю скільки точно, думаю, що стільки-то».

Звичайно, у таких випадках ми не намагаємося говорити неправду навмисно через лихі наміри, не засуджуємо інших. Однак якщо ми помітили навіть невеличкий натяк у думках або діях, тоді краще буде дізнатися правду у цьому питанні. Людина, чиє серце сповнене істини, не додаватиме і не відніматиме нічого від істини незалежно від розміру питання.

Правдива і чесна людина отримує правду як правду і передає правду як правду, не змінюючи її. Тож якщо ми помітимо, що говоримо про щось незначне з відтінком неправди, нам треба знати, що це свідчить про те, що наше серце ще не повністю сповнене істини. І якщо наше серце повністю не сповнене істини, це означає, що у ситуації, коли життя опиняється під загрозою, ми здатні вчинити шкоду іншій особі, сказавши про неї неправду.

Як написано у 1 Посланні Петра 4:11: *«Коли хто говорить, говори, як Божі слова».* Ми повинні намагатися не брехати та не жартувати, використовуючи неправдиві слова. Незалежно від того, що ми говоримо, ми завжди повинні говорити правду, ніби говоримо Божі слова. Ми можемо робити це зі щирою молитвою та під керівництвом Святого Духу.

# Розділ 11
Десята Заповідь

«Не жадай дому ближнього свого!»

**Вихід 20:17**

*«Не жадай дому ближнього свого, не жадай жони ближнього свого, ані раба його, ані невільниці його, ані вола його, ані осла його, ані всього, що ближнього твого!»*

Ви знаєте байку Езопа про гуску, яка несла золоті яйця? Колись у маленькому селі жив господар, у якого була дивна гуска. Коли він думав, що з нею зробити, сталося дещо дивовижне.

Щоранку гуска почала нести золоті яйця. Одного дня господар подумав: «Напевно у гуски всередині багато золотих яєць». Господар захотів мати одразу всі золоті яйця, щоби стати багатим, і не чекати кожного дня на нове золоте яйце.

І коли його жадібність досягла крайньої межі, господар розрізав гуску, але всередині він не побачив жодної крихти золота. Тоді господар зрозумів свою помилку і розкаявся у своєму вчинку, але було пізно.

Бачимо, що людська жадібність не має меж. Незалежно від того, скільки річок впадають в океан, океан ніколи не переповнюється. Такою є людська жадібність. Незалежно від того, скільки людина має, вона ніколи не буде задоволеною. Ми можемо спостерігати це щодня. Коли жадібність стає надто великою, людина не лише відчуває незадоволення від того, що має, але її охоплює заздрість, і вона намагається заволодіти тим, що мають інші, навіть якщо для цього знадобиться скористатися негарними методами. Тож зрештою ця людина вчинить смертний гріх.

### «Не жадай дому ближнього свого!»

«Жадати» означає бажати того, що тобі не належить і намагатися незаконно заволодіти майном іншої особи, або бажати заволодіти матеріальними речами всього світу.

Більшість злочинів починається з «жадання». Пожадливість може змусити людей говорити неправду, красти, грабувати, обманювати, привласнювати, вбивати та чинити інші злочини. Бувають навіть випадки, коли люди жадають мати не лише матеріальні речі, а також положення і славу.

Через пожадливість у серці часом стосунки між рідними братами і сестрами, батьками і дітьми та навіть чоловіком та дружиною стають ворожими. У деяких родинах люди ревнують і заздрять тим, хто має більше ніж вони.

Тому у десятій заповіді Бог застерігає нас від пожадливості, що народжує гріх. Крім того, Бог бажає, щоби ми думали про те, що вгорі (Послання до колосян 3:2). Лише якщо ми будемо шукати вічне життя і сповнювати свої серця надією на небеса, ми зможемо знайти справжнє задоволення і щастя. Лише тоді ми зможемо позбавитися пожадливості. В Євангелії від Луки 12:15 написано: *«Глядіть, остерігайтеся всякої зажерливости, бо життя чоловіка не залежить від достатку маєтку його»*. Як сказав Ісус, лише коли ми позбавимося своєї пожадливості, ми не будемо грішити і отримаємо у спадок вічне життя.

## Пожадливість спричиняє гріх

Отже яким чином пожадливість стає гріхом? Припустимо ви завітали у дім до дуже багатої родини. Величезний будинок побудовано із мармуру. Там знаходиться багато розкішних речей. Цього досить, щоби промовити: «Цей будинок дивовижний. Абсолютно прекрасний!»

Але більшість людей на цьому не зупиняються. Вони продовжують свою думку: «Мені б теж хотілося мати такий будинок. Якби я був таким багатим як хазяїн цього будинку...» Звичайно, справжні віруючі не дозволять таким думкам розвинутися до бажання вкрасти. Але через думку «Мені б також хотілося мати таке» пожадливість може увійти у їхнє серце.

А якщо пожадливість входить у серце, треба лише час, щоби вона породила гріх. У Посланні Якова 1:15 написано: *«Пожадливість потому, зачавши, народжує гріх, а зроблений гріх народжує смерть».* Є деякі віруючі, яких охоплює бажання або пожадливість, і вони чинять злочин.

У Книзі Ісуса Навина 7 ми читаємо про Ахана, якого

охопила пожадливість, і він був покараний смертю. Ісус Навин, вождь, поставлений після Мойсея, завойовував ханаанський Край. Ізраїльтяни тільки що обложили Єрихон. Ісус Навин попередив свій народ, що все з Єрихону присвячене Богові, тож жоден не може взяти нічого.

Однак, побачивши доброго плаща, золота і срібла, Ахан зажадав взяти те собі і тихо заховав те для себе. Оскільки Ісус Навин не знав того, він продовжував здобувати інше місто, Ай. Оскільки Ай було маленьке місто, Ізраїльтяни вважали, що зможуть легко його завоювати. Але вони програли. Тоді Бог сказав Ісусові Навину, що то сталося через гріх Ахана. В результаті не лише Ахан, але також вся його родина і навіть худоба, загинули.

У 2 Книзі Царів, 5 главі, можемо прочитати про Ґехазі, слугу Єлисея, який також отримав проказу за те, що зажадав мати речі, якими не мав права володіти. За наказом Єлисея начальник війська Нааман омився сім разів у Ріці Йордан і очистився від прокази. Зцілившись, він захотів дати Єлисею деякі дари на знак вдячності. Але Єлисей відмовився брати.

Тож коли начальник війська Нааман пішов у свою землю, Ґехазі побіг за ним, вдавши що його послав Єлисей, і попросив дати йому деякі речі. Взявши, він заховав їх. Більше того, повернувшись до Єлисея, він намагався обдурити його, незважаючи на те, що Єлисей знав про все від початку. В результаті Ґехаза було покарано проказою.

Подібний випадок стався з Ананієм і його дружиною Сапфірою, про яких написано у 5 главі Книги Дії. Вони продали частину свого володіння і пообіцяли віддати гроші від продажу Богові. Але коли вони отримали гроші, їхні серця змінилися, і вони заховали частину грошей для себе, а решту принесли апостолам. Жадаючи грошей, вони хотіли обдурити апостолів. Але обдурювати апостолів це все рівно що обдурювати Святий Дух, тож негайно з них вийшов дух, і вони померли на місці.

### Жадібність веде до смерті

Жадібність – великий гріх, який веде до смерті. Тому життєво важливо, щоби ми позбулися пожадливості а також спокуси, яка змушує нас бажати мирських речей. Яка користь від того, що ви заволодієте всім, чого бажали у світі, але втратите своє життя?

І навпаки, хоча ви не маєте всіх багатств світу, якщо ви вірите в Господа і живете праведно, тоді ви – насправді багата людина. Із притчі про багатого і Лазаря, що записана в 16 главі Євангелія від Луки, справжнє благословення – це отримати спасіння після позбуття пожадливості.

Багатий, який не вірив в Бога і не мав надії на небеса,

жив у розкоші, носив гарний одяг, задовольняв земну пожадливість і насолоджувався розкішними бенкетами. Був також вбогий Лазар, що лежав у воріт його. Він був на самому дні життя, пси приходили і лизали рани йому. Однак в серці своєму він прославляв Бога і завжди мав надію на небеса.

Зрештою, багатий і Лазар померли. Вбогого Лазаря Ангели віднесли на Авраамове лоно. А багатий потрапив до Аду, де терпів муки. Багатий дуже хотів пити, так що бажав хоча би одну краплю води, однак він не міг отримати навіть того.

Припустимо, багач отримав другий шанс жити на землі. Напевно він захотів би отримати вічне життя на небесах навіть якби для цього знадобилося би жити у бідності на землі. А той, хто живе у нужді, як Лазар, але знає страх Божий і живе у світлі, також може отримати благословення матеріальним багатством за свого життя на землі.

Після смерті своєї дружини Сарри, Авраам, батько віри, захотів купити печеру у полі Махпели і поховати там свою дружину. Власник печери дозволив Авраамові взяти її безкоштовно, але Авраам відмовився і заплатив за неї всю суму. Він зробив це тому що не мав у своєму серці жодного сліду пожадливості. Якби та земля не належала йому, він би навіть не подумав володіти нею (Книга Буття 23:9-19).

Крім того, Авраам любив Бога і слухався Його наказів,

був чесним і праведним. Тому під час свого життя на землі Авраам отримав не лише матеріальні благословення, але також благословення довгим життям, славою, силою, нащадками та багато інших. Він навіть отримав духовне благословення називатися «Божим другом».

## Духовні благословення перевершують всі матеріальні благословення

Інколи люди дивуються: «Той чоловік схожий на доброго віруючого. Чому не видно, що він отримує багато благословень?» Якби той чоловік був істинним учнем Христа і мав істинну віру, ми би побачили як Бог благословляє його всім найкращим.

Як написано у 3 Посланні Івана 1:2: *«Улюблений, я молюся, щоб добре велося в усьому тобі, і щоб був ти здоровий, як добре ведеться душі твоїй»*, Бог благословляє нас так щоби насамперед нашій душі було добре. Якщо ми живемо як святі Божі діти, відкидаючи все зло із серця і слухаючись Його заповідей, Бог обов'язково благословить нас, так що з нами все буде добре, і ми будемо здоровими.

Але якщо здається що хтось, чиїй душі не добре ведеться, отримує багато матеріальних благословень, ми не можемо сказати, що то благословення від Бога. У такому випадку його багатства можуть змусити його стати жадібним. Його жадібність може породити гріх і він може відступити від Бога.

У тяжких ситуаціях люди покладаються на Бога, мають чисте серце і старанно служать Йому з любов'ю. Але дуже часто після отримання матеріальних благословень у власному бізнесі або на роботі, вони починають бажати більшого і починають виправдовуватися за те що вони дуже зайняті, а зрештою відходять від Бога. Коли прибутки та заробітки невеликі, вони схильні щиро віддавати свою десятину, дякуючи Богові, але коли їхні доходи зростають, і їхня десятина також має зрости, їх легко похитнути. Якщо наше серце змінюється таким чином, і ми віддаляємося від Бога і Його наказів, тоді благословення, які ми отримуємо, можуть закінчитися і перетворитися на нещастя.

Однак люди, чия душа процвітає, не жадатимуть матеріального, і отримавши благословення славою і багатством від Бога, вони не жадатимуть більшого. Вони не нарікатимуть і не скаржитимуться що не мають гарних речей, тому що готові віддати Богові все що мають, навіть своє життя.

Люди з гарною душею охоронятимуть свою віру і служитимуть Богові незалежно від обставин, користуючись благословеннями, які вони отримали від Бога, лише для Його Царства і слави. І оскільки люди, душі яких ведеться добре, не мають навіть незначного прагнення до земних задоволень, не шукають розваг і не прямують до дороги смерті, Бог щедро благословить їх і дасть їм навіть ще більше.

Тому духовні благословення набагато важливіші матеріальних благословень цього світу, які тануть як туман. Отже перш за все ми повинні отримувати духовні благословення.

## Ми ніколи не повинні шукати Божих благословень для задоволення земних бажань

Навіть якщо ми ще не отримали духовні благословення для душі, якій ведеться добре, якщо ми продовжуватимемо йти шляхом праведності і з вірою звертатися до Бога, Він наповнить нас у певний час. Люди моляться, щоби щось здійснилося прямо зараз, однак для всього під небом є час і певний термін, і Бог знає найкращий час. Часом Бог змушує нас чекати, а потім дає нам навіть більші благословення.

Якщо ми просимо Бога про щось, маючи справжню віру, тоді ми отримаємо силу молитися постійно доки не отримаємо відповідь. Але якщо ми просимо Бога про щось, маючи земні бажання, тоді незалежно від того скільки ми молимося, ми не отримаємо справжню віру і не отримаємо відповіді від Бога.

У Посланні Якова 4:2-3 написано: *«Бажаєте ви та й не маєте, убиваєте й заздрите та досягнути не можете, сваритеся та воюєте та не маєте, бо не прохаєте, прохаєте та не одержуєте, бо прохаєте на зле, щоб ужити на розкоші свої»*. Бог не може відповісти нам, якщо ми просимо для того щоби задовольнити свої мирські бажання. Якщо студент попросить своїх батьків грошей, щоби купити те, що йому не варто купувати, тоді батьки не дадуть йому грошей.

Тому ми не повинні молитися і звертатися до Бога, керуючись власними думками, але маючи допомогу сили Святого Духа, ми повинні домагатись чогось зважаючи на Божу волю (Послання Юди 1:20). Святий Дух знає сутність Бога, він розуміє Його глибини, тому якщо ви покладаєтеся на керування Святого Духа у молитві, ви можете швидко отримати відповідь від Бога на кожну свою молитву.

Отже як ми залежимо від керівництва Святого Духа і як ми молимося відповідно до Божої волі?

По-перше, ми повинні озброїтися Словом Божим і застосовувати його у своєму житті, щоби ми були схожими на Ісуса Христа. Якщо ми будемо схожими на Христа, ми будемо молитися відповідно до Божої волі і швидко отримаємо відповіді на всі свої молитви. Тому що Святий Дух, який знає сутність Бога, охоронятиме нас, так що ми зможемо просити саме те, що нам треба.

Саме як написано в Євангелії від Матвія 6:33: *«Шукайте ж найперш Царства Божого й правди Його, а все це вам додасться»*, ми повинні спершу шукати Бога і Його Царства, а потім просити те, що потребуємо. Якщо ви спершу будете шукати Божої волі, ви відчуєте як Бог виллє на вас Свої благословення, так що ваша чаша наповниться всім, що вам потрібно тут, на цій землі, і дасть вам навіть більше.

Тому ми повинні постійно звертати до Бога праведні і щирі молитви. Якщо ви щоденно звертатиметесь до Бога у щирих молитвах під керівництвом Святого Духа, будь-яка пожадливість та гріх назавжди залишать ваше серце, і ви отримаєте все, про що попросите у молитвах.

Апостол Павло був громадянином Римської імперії, навчався у Гамаліїла, найкращого і найвідомішого вченого того часу. Однак Павла не цікавили матеріальні речі. Він все вважав за пусте окрім Христа. Як і Павло, ми повинні любити і бажати отримати учення Ісуса Христа, слова істини.

Якщо ми отримаємо всі багатства світу, честь, силу, та інше, але не отримаємо вічного життя, для чого нам все те буде потрібно? Але якщо ми, як апостол Павло, відмовимося від всіх багатств цього світу і житимемо відповідно до Божої волі, тоді Бог безсумнівно благословить нас так що наша душа процвітатиме. Тоді ми будемо називатися «великими» на небі і станемо успішними в усіх сферах свого життя також на цій землі.

Я молюся про те, щоби ви позбулися пожадливості, шукали задоволення у тому, що маєте, і щоби ви мали надію на небеса. Тоді я впевнений, що ваше життя завжди буде сповнене подяки і радості.

Розділ 12

Закон вірності Богу

**Книга Приповістей 8:17**

«Я кохаю всіх тих, хто кохає мене, хто ж шукає мене мене знайде!»

У 22 главі Євангелія від Матвія розповідається про те як один фарисей запитав Ісуса, яка заповідь найбільша в Законі.

Ісус відповів: *«Він же промовив йому: Люби Господа Бога свого всім серцем своїм, і всією душею своєю, і всією своєю думкою. Це найбільша й найперша заповідь. А друга однакова з нею: Люби свого ближнього, як самого себе. На двох оцих заповідях увесь Закон і Пророки стоять»* (Євангеліє від Матвія 22:37-40).

Це означає, що якщо ми любимо Бога всім своїм серцем, всією душею і всім розумом, і любимо своїх ближніх як самих себе, тоді ми легко можемо коритися всім іншим заповідям.

Якщо ми справді любимо Бога, як ми можемо чинити гріхи, які ненавидить Бог? І якщо ми любимо своїх ближніх, як ми можемо чинити їм зло?

## Для чого Бог дав нам Свої Заповіді?

Отже для чого Бог давав нам Десять Заповідей, а не наказав нам просто любити Бога і ближнього як самого себе?

Тому що у часи Старого Заповіту перед ерою Святого Духу людям було важко любити щиро від всього серця за власним бажанням. Тож через Десять Заповідей, які вимагали Ізраїльтян коритися Йому, Бог наказував їм любити і боятися Його, а також любити своїх ближніх, являючи це у своїх вчинках.

Досі ми ретельно роздивлялися кожну з десяти заповідей. А тепер давайте розглянемо заповіді, поділивши їх на дві великі групи: любов до Бога і любов до ближнього.

Заповіді з 1 по 4 можна охарактеризувати так: «Люби Господа Бога свого всім серцем своїм, і всією душею своєю, і всією своєю думкою». Служачи лише Богові-Творцеві, не роблячи фальшивих ідолів та не вклоняючись їм, обережно використовуючи Боже ім'ення і дотримуючись Суботи, ми проявляємо свою любов до Бога.

Заповіді з 5 до 10 можна охарактеризувати так: «Люби свого ближнього, як самого себе». Повага до батьків, попередження проти вбивства, крадіжки, неправдивого свідчення, пожадливості та інше, – все це способи попередження лихих дій проти інших або наших ближніх. Якщо ми любимо своїх ближніх як самих себе, ми не бажатимемо, щоби вони відчували біль, тож ми повинні виконувати ці заповіді.

## Ми повинні любити Бога від усього серця

Бог не примушує нас коритися Його заповідям. Він скеровує нас, щоби ми виконували заповіді через нашу любов до Нього.

Як написано у Посланні до римлян 5:8: *«А Бог доводить Свою любов до нас тим, що Христос умер за нас, коли ми були ще грішниками»*. Бог першим явив Свою велику любов до нас.

Важко знайти людину, яка хотіла б померти замість гарної, праведної людини або навіть близького друга, але Бог послав Свого єдиного Сина Ісуса Христа, щоби Він помер за грішників, щоби звільнити їх від прокляття, під яким вони перебували відповідно до Закону. Отже Бог продемонстрував любов, що перевершує справедливість.

І як написано у Посланні до римлян 5:5: *«А надія не засоромить, бо любов Божа вилилася в наші серця Святим Духом, даним нам»*, Бог дає у дар Святого Духа всім своїм дітям, які приймають Ісуса Христа, щоби вони могли повністю зрозуміти Божу любов.

Тому люди, які отримали спасіння вірою і хрестилися повним зануренням у воду та отримали Святого Духа, можуть любити Бога не лише розумом, але всім серцем, дозволяючи дотримуватися Його заповідей через істинну любов до Нього.

## Найперша Божа воля

Спочатку Бог створив людей, тому що бажав мати справжніх дітей, яких Він буде любити і які любитимуть Його добровільно. Але якщо хтось виконує всі Божі заповіді але не любить Його, чи можемо ми сказати, що він – справжнє Боже дитя?

Найманий робітник, який працює за заробітну плату, не може успадкувати бізнес роботодавця, але дитина роботодавця, яка має абсолютно інші права, ніж найманий робітник, може успадкувати бізнес. Так само люди, які виконують всі Божі заповіді, можуть отримати всі Його обіцяні благословення, але якщо вони не розуміють Божої любові, вони не можуть бути справжніми Божими дітьми.

Тому той, хто розуміє Божу любов і дотримується Його заповідей, отримає у спадок небеса і житиме у найпрекраснішій частині небес як справжнє Боже дитя. Перебуваючи поряд з Отцем, він вічно житиме у славі, що сяє, наче сонце.

Бог бажає, щоби всі люди, які отримали спасіння ціною крові Ісуса Христа, хто любить Його від всього серця, жили разом з Ним у Новому Єрусалимі, де знаходиться престол Божий, щоби вони перебували у вічності у Його любові. Тому в Євангелії від Матвія 5:17 Ісус сказав: *«Не подумайте, ніби Я руйнувати Закон чи Пророків прийшов, Я не руйнувати прийшов, але виконати».*

### Свідчення нашої любові до Бога

Таким чином, лише зрозумівши, для чого насправді Бог дав нам Свої заповіді, ми можемо виконати Закон, відчуваючи любов до Бога. Маючи заповіді або закони ми можемо фізично проявляти «любов», яку, як абстрактне поняття, важко побачити очима.

Якби дехто промовив: «Боже, я люблю Тебе всім серцем, тож, будь ласка, благослови мене», тоді як Бог справедливості може підтвердити такі слова, якщо немає стандарту, за яким можна їх перевірити перед тим як благословити? Оскільки ми маємо стандарт, заповіді або Закон, ми знаємо, чи дійсно ті люди люблять Бога всім своїм серцем. Якщо вони говорять своїми устами, що люблять Бога, але не святять день Суботній, як наказує Бог, тоді ми бачимо, що насправді вони не люблять Бога.

Тож Божі заповіді є стандартом, за яким ми можемо перевірити або побачити доказ того, як сильно ми любимо Бога.

Тому у 1 Посланні Івана 5:3 написано: *«Бо то любов*

*Божа, щоб ми додержували Його заповіді, Його ж заповіді не тяжкі».*

### Я кохаю всіх тих, хто кохає Мене

Багословення, які ми отримуємо від Бога в результаті виконання Його заповідей, – благословення, які не зникають і не тануть.

Наприклад, що сталося з Даниїлом, який догоджав Богові тому що мав істинну віру і ніколи не йшов на компроміс зі світом?

Даниїл походив з коліна Юдиного, був нащадком царського роду. Але коли південна Юдея зогрішила перед Богом, вавилонський цар Навуходоносор вперше здійснив вторгнення у 605 році до нашої ери. Тоді Даниїла, який був дуже молодим, забрали у вавилонський полон.

Згідно царської політики запозичення рис іншої культури, Даниїла та декількох інших юнаків-полонених забрали жити у палац Навуходоносора, де протягом трьох років вони навчалися у халдейській школі.

Тоді Даниїл попросив, щоби йому не давали їсти страви з царського столу і не давали вина, тому що він боявся осквернити себе їжею, яку заборонив вживати Бог.

Як полонений він не мав права відмовлятися від їжі, яку призначив йому цар, але Даниїл бажав робити все можливе щоби тримати свою віру чистою перед Богом.

Бачачи відверте серце Даниїла, Бог зворушив серце охоронця і дозволив йому не їсти і не пити з царського столу.

І через деякий час Даниїл, який старанно дотримувався Божих заповідей, піднявся до посади прем'єр-міністра поганського народу вавилонського краю. Оскільки Даниїл мав непохитну віру, яка утримувала його від компромісів зі світом, Бог був задоволений ним. Тож навіть коли народи змінювалися, царі змінювалися, він залишався відмінним в усьому і продовжував отримувати любов Бога.

### Хто шукає Мене, Мене знайде

Ми можемо бачити таке благословення у наш час. Кожного, хто має віру, як Даниїл, котрий не йшов на компроміс зі світом і з радістю виконував Божі заповіді, Бог щедро благословляє.

Приблизно десять років тому один з наших старших працював в одній з найбільших фінансових компаній країни. Для приваблення клієнтів компанія регулярно по вихідних здійснювала обов'язкові заходи, під час яких пригощала клієнтів алкогольними напоями, пропонувала пограти у гольф. У той час наш старший був дияконом, і після отримання тієї посади, коли він дійсно зрозумів Божу любов, він ніколи не пив зі своїми клієнтами і ніколи не пропускав богослужінь у неділю незважаючи на практику своєї компанії.

Одного дня генеральний директор компанії сказав йому: «Обирай: компанія або церква». Чоловік мав твердий характер і не став довго замислюватися. Він відповів: «Ця компанія має для мене важливе значення, але якщо я маю зробити вибір між компанією і церквою, я оберу церкву».

Бог дивним чином зворушив серце генерального директора, він більше став довіряти старшому і згодом дав йому підвищення. Але це ще не все. Незабаром після того, після певного просування по службі старший обійняв посаду генерального директора компанії!

Отже якщо ми любимо Бога і намагаємося дотримуватися Його заповідей, Бог відзначає нас в усьому і благословляє нас в усіх сферах нашого життя.

На відміну законів суспільства Божа обітниця не змінюється з часом. Незалежно від того, у який час ми живемо, незалежно від нашої професії, якщо ми просто слухаємося і живемо за Божим словом, ми отримаємо благословення, які обіцяв нам Бог.

## Закон вірності Богу

Отже Десять Заповідей, Закон, який Бог дав Мойсею, дає нам стандарт, за яким ми можемо отримати Божу любов і благословення.

У Книзі Приповістей 8:17 написано: *«Я кохаю всіх тих, хто кохає мене, хто ж шукає мене мене знайде!»* В залежності від того, як ми виконуємо Його закони, ми можемо отримати Його любов і благословення.

В Євангелії від Івана 14:21 написано: *«Хто заповіді Мої має та їх зберігає, той любить Мене. А хто любить Мене, то полюбить його Мій Отець, і Я полюблю Його, і об'явлюсь йому Сам».*

Невже Божі закони здаються важкими або непосильними? Якщо ми дійсно любимо Бога від усього серця, ми можемо їх виконати. І якщо ми називаємося дітьми Божими, ми безумовно повинні їх дотримуватися.

Так ми отримуємо Божу любов, так ми перебуваємо в Ньому, знайомимося з Ним і отримуємо відповіді на свої молитви. Найважливіше те, що Його Закон утримує нас від гріха і направляє на шлях спасіння, тож Його Закон – це велике благословення!

Праотці віри, Авраам, Даниїл та Йосип, дотримувалися Його Закону. Вони отримали благословення за життя і після смерті. Вони мали благословення не лише в усіх сферах свого життя, але й на небесах. Вони отримали благословення, ввійшовши у славу, що сяє наче сонце.

В ім'я Господа я молюся про те, щоби ви постійно прислухалися до Божих наказів і втішались у Законі ГОСПОДА, розмірковували над ним день і ніч та повністю дотримувалися його.

*«Подивися: люблю я накази Твої, –*
*За милосердям Своїм оживи мене, ГОСПОДИ!*
*Мир великий для тих, хто кохає Закона Твого, –*
*І не мають вони спотикання.*
*На спасіння Твоє я надіюся, ГОСПОДИ,*
*І Твох заповіді виконую.*
*Хай язик мій звіщатиме слово Твоє*
*Бо всі Твої заповіді – справедливість»*
(Псалом 119:159, 165, 166, 172).

Автор:
доктор Джерок Лі

Доктор Джерок Лі народився у 1943 році у Муані, провінція Джеоннам, Республіка Корея. До тридцяти років на протязі семи років доктор Лі страждав від невиліковних хвороб і мав померти, не маючи надії на одужання. Одного дня навесні 1974 року його сестра привела його до церкви. І коли він став на коліна і помолився Богові, Бог зцілив його від усіх хвороб.

З того моменту, коли доктор Лі пізнав живого Бога через такий чудовий випадок, він щиро полюбив Бога усім серцем. А у 1978 році Бог покликав його на служіння. Джерок Лі палко молився про те, щоби ясно зрозуміти волю Бога та повністю виконати її. У 1982 році він заснував Центральну Церков Манмін у Сеулі, Південна Корея, а також почав виконувати численні Божі справи. У церкві почали відбуватися чудесні зцілення і дива.

У 1986 році доктор Лі отримав духовний сан пастора Щорічної асамблеї християнської церкви Сункюл, Корея. А через чотири роки, у 1990 році, його проповіді почали транслюватися в Австралії, Росії і на Філіппінах. Через деякий час ще більше країн отримали змогу чути радіопрограми завдяки роботі Радіотрансляційної кампанії Далекого Сходу, Широкомовної станції Азії та Християнського радіо мережі Вашингтон.

Через три роки, у 1993, журнал *Християнський світ* (США) оголосив Центральну Церкву Манмін однією з «50 найбільших церков світу». Доктор Лі отримав почесний ступінь доктора богослов'я у Коледжі Християнської віри, Флоріда, США. А у 1996 році – ступінь доктора духівництва у Теологічній семінарії Кінгсвей, Айова, США.

З 1993 року доктор Лі керує всесвітньою місією, проводить багато кампаній у Танзанії, Аргентині, Латинській Америці, Місті Балтимор, на Гавайях, у місті Нью-Йорк (США), в Уганді, Японії, Пакистані, Кенії, на Філіппінах, у Гондурасі, Індії, Росії, Німеччині, Перу, Демократичній Республіці Конго, Ізраїлі та Естонії.

У 2002 найбільша християнська газета Кореї назвала Джерок Лі «Всесвітнім пастором» за його роботу у багатьох великий об'єднаних кампаніях, що проводилися за кордоном. Особливо його

«Кампанія Нью-Йорк 2006», яка проводилася у Медісон Сквер Гарден, найвідомішій у світі арені, транслювалася для 220 країн світу. Під час «Ізраїльської об'єднаної кампанії 2009», яка проводилася у Міжнародному Центрі Конвенцій в Ізраїлі, доктор Лі сміливо проголосив Ісуса Христа Месією і Спасителем.

Його проповіді транслюються у 176 країнах світу через супутники, у тому числі телебачення ВХМ. Також доктор Джерок Лі потрапив у десятку найвпливовіших християнських лідерів 2009 і 2010 років за версією найпопулярнішого російського журналу «*Ін Вікторі*» і нового агентства «*Крістіан Телеграф*» за могутнє телевізійне служіння і пасторське служіння за кордоном.

З липень 2016 року Центральна Церква Манмін налічує більше 120 000 членів. Вона має 11 000 церков-філій в усьому світі, у тому числі 56 домашні церкви-філії, також відправила більше 102 місіонерів у 23 країни світу, у тому числі США, Росію, Німеччину, Канаду, Японію, Китай, Францію, Індію, Кенію та багато інших.

На момент виходу цієї книжки доктор Лі написав 105 книжки, серед яких є бестселери: «*Відчути Вічне Життя до Смерті*», «*Моє Життя, Моя Віра І і ІІ*», «*Слово про Хрест*», «*Міра Віри*», «*Небеса І і ІІ*», «*Пекло*», «*Сила Бога*». Його роботи були перекладені більш ніж на 76 мови.

Його статті друкуються на шпальтах видань: «*Ганкук Ілбо*», «*ДжунАн Дейлі*», «*Чосун Ілбо*», «*Дон-А Ілбо*», «*Мунгва Ілбо*», «*Сеул Шінмун*», «*Кунгуан Шінмун*», «*Ганкеорей Шінмун*», «*Економічна щоденна газета Кореї*», «*Вісник Кореї*», «*Шіса Ньюс*» та «*Християнська газета*».

Доктор Лі є та головою багатьох місіонерських організацій та об'єднань. Він – голова Об'єднаної церкви святості Ісуса Христа; президент Всесвітньої Місії Манмін; незмінний президент Асоціації всесвітньої місії християнського відродження; засновник і голова правління Всесвітньої християнської мережі (ВХМ); засновник і голова правління Всесвітньої мережі християнських лікарів (ВМХЛ); а також засновник і голова правління Міжнародної семінарії Манмін (МСМ).

## Інші відомі книжки автора

### Небеса I & II

Детальна розповідь про розкішне оточення, в якому житимуть небесні мешканці, а також прекрасний опис різних рівнів небесних царств.

### Слово про Хрест

Сильна проповідь пробудження про всіх людей, які перебувають у духовному сні. Із цієї книги ви дізнаєтеся про те, чому Ісус – Єдиний Спаситель, а також про істинну Божу любов.

### Пекло

Відкрите послання Бога всьому людству. Він бажає, щоби жодна людина не потрапила у пекло. Ви дізнаєтеся про досі невідомі думки щодо жорстокої дійсності Гадесу та пекла.

### Міра Віри

Які оселі, вінці та нагороди приготовані для вас на небесах? Ця книга додасть вам мудрості і скерує вас, щоби ви виміряли свою віру, розвивали і вдосконалювали її.

*Пробудження Ізраїлю*

Чому Бог споглядав за Ізраїлем з самого початку і до теперішніх часів? Яке провидіння було приготоване в останні дні для Ізраїльського народу, який досі чекає на Месію?

*Моє Життя, Моя Віра I & II*

Автобіографія доктора Джерок Лі дозволяє читачам відчути найприємніший духовний аромат, розповідаючи про життя, що цвіте надмірною любов'ю до Бога посеред чорних хвиль, холодного ярма і найглибшого розпачу.

*Сила Бога*

Книга, яку бажано прочитати всім. Ця книга – важливий провідник, завдяки якому кожен може оволодіти істинною вірою і відчути дивовижну силу Бога.

www.urimbooks.com

www.ingramcontent.com/pod-product-compliance
Lightning Source LLC
LaVergne TN
LVHW041806060526
838201LV00046B/1146